JN305620

皇太子殿下に次期天皇の自覚を問う

守護霊インタビュー

同時収録
宗教学者・山折哲雄氏の守護霊 霊言

大川隆法
Ryuho Okawa

本霊言は、2013年4月12日(写真上·下)、幸福の科学総合本部にて、
質問者との対話形式で公開収録された。

まえがき

本書は、日本の国の「内憂」の問題にして、結論の見えにくい、「山折論文」の突きつけた皇太子様の「退位問題」と週刊誌の騒ぐ「雅子妃問題」に、何らかの解決の糸口を見つけたいと企画したものである。

山折氏に批判的な評論家の言う通り、皇太子殿下のご本心を読み取ると、「限りなく透明で、責任感に満ちた方である」と思う。お力になってあげられないのが残念である。私の立場をはっきりさせておくが、私は、現在の皇室は、天照大神《あまてらすおおみかみ》の直系の子孫であり、その点、一般国民とは区別される特別な位置づけにあり、庶民の民主主義的感覚で論じるべきものではないと思う。嫉妬主導型の民主主義は、共産主義とほぼ同義であり、聖なる霊域には立ち入るべきではない。

大家である山折氏のアニミズム的宗教観も、「宗教の本来的価値判断」に直面して、やや軌道《きどう》を逸《いっ》しているかもしれない。やはり宗教学者は、商業誌の「売り得」精神とは一線を画すべきではなかろうか。

二〇一三年　四月十六日

幸福《こうふく》の科学《かがく》グループ創始者兼総裁《そうししゃけんそうさい》　大川隆法《おおかわりゅうほう》

守護霊インタビュー 皇太子殿下に次期天皇の自覚を問う　目次

第1章　皇太子殿下《でんか》の守護霊霊言《しゅごれいれいげん》

二〇一三年四月十二日　収録
東京都・幸福の科学総合本部にて

第2章　山折哲雄《やまおりてつお》氏の守護霊霊言

二〇一三年四月十二日　収録
東京都・幸福の科学総合本部にて

「霊言《れいげん》現象」とは、あの世の霊存在の言葉を語り下ろす現象のことをいう。これは高度な悟《さと》りを開いた者に特有のものであり、「霊媒《れいばい》現象」（トランス状態になって意識を失い、霊が一方的にしゃべる現象）とは異なる。

また、人間の魂《たましい》は原則として六人のグループからなり、あの世に残っている「魂の兄弟」の一人が守護霊《しゅごれい》を務めている。つまり、守護霊は、実は自分自身の魂の一部である。「守護霊の霊言」とは、いわば本人の潜在《せんざい》意識にアクセスしたものであり、その内容は、その人が潜在意識で考えていること（本心）と考えてよい。

なお、「霊言」は、あくまでも霊人の意見であり、幸福の科学グループとしての見解と矛盾《むじゅん》する内容を含《ふく》む場合がある点、付記しておきたい。

第1章

皇太子殿下《でんか》の守護霊霊言《しゅごれいれいげん》

二〇一三年四月十二日　収録

東京都・幸福の科学総合本部にて

皇太子《こうたいし》徳仁親王《なるひとしんのう》（一九六〇〜）

今上《きんじょう》天皇の第一皇子《おうじ》。母は美智子《みちこ》皇后。皇位継承順位《けいしょう》第一位。一九八九年、父である明仁親王《あきひとしんのう》の皇位継承に伴《ともな》い皇太子となる。一九九三年に小和田雅子《おわだまさこ》と結婚《けっこん》、二〇〇一年に第一女子・敬宮愛子内親王《としのみやあいこないしんのう》が誕生した。

質問者　※質問順

本地川瑞祥《もとちかわずいしょう》（幸福の科学出版社長）

小林早賢《こばやしそうけん》（幸福の科学広報・危機管理担当副理事長）

金澤由美子《かなざわゆみこ》（幸福の科学指導研修局長）

［役職は収録時点のもの］

1　皇太子殿下《でんか》に「真意」を伺《うかが》う

皇太子殿下に退位を勧《すす》めた「山折《やまおり》論文」の波紋《はもん》

大川隆法　今、日本は「内憂外患《ないゆうがいかん》」のときを迎《むか》えており、今後、国家として存続できるかどうか、一つの境目、分水嶺《ぶんすいれい》にあるような気がします。「内憂」としては実際に外国からの軍事的脅威《きょうい》がありますが、もう一方の「外患」としては、日本の国家体制のあり方をめぐる問題が出てきているように思います。

直近では、山折哲雄《やまおりてつお》氏が「新潮《しんちょう》45」の二〇一三年三月号に寄稿《きこう》した、「皇太子殿下《でんか》、ご退位なさいませ」という論文に関して、賛否《さんぴ》両論が出て、皇室が少し揺《ゆ》れています。そして、いつものごとく、週刊誌は「雅子《まさこ》さま問題」のほうに向かっています。

天皇・皇后両陛下は、もうご高齢《こうれい》ですし、天皇陛下は、ご病気になられたりもしていますが、今、外患として戦争の危機も近づいているので、「次の体制は、どのようになるのか」ということが大きな問題ではないかと思います。

その意味で、国民的関心を集めている議論があること自体を、悪いことだとは思いません。

しかし、その舞台《ぶたい》は、ほとんど週刊誌であり、週刊誌独特の、何とも言えない、いやらしい追及《ついきゅう》の仕方が多いのです。

私は、それを数多く経験させられた者として、彼らが「書いたもの勝ちだ」と考えていることをよく知っています。騒《さわ》ぎを大きくすれば売り上げが増えるため、彼らの姿勢は、「極端《きょくたん》なことでも少し耳にしたことでも何でもよいので、とにかく書いて騒ぎを大きくする」というものなのです。

そのため、皇太子殿下も、いろいろとご心労をなさっているのではないかと思われます。

天皇は「実権」を持つべきか、「象徴《しょうちょう》」であるべきか

大川隆法　私は、去年、『今上《きんじょう》天皇・元首の本心　守護霊《しゅごれい》メッセージ』（幸福の科学出版刊）という、今上天皇の守護霊の霊言《れいげん》を著《あらわ》し、『皇室の未来を祈《いの》って』（幸福の科学出版刊）という、雅子妃《ひ》の守護霊の霊言も出しました。

宗教学者の山折氏が、ああいうことを述べたのは、もしかしたら、これらの本の発刊が源流にあるのかもしれません。

また、私には、『新・日本国憲法　試案』（幸福の科学出版刊）という著書もありますが、その試案では、現在の憲法では第一条等にある、天皇制に関する規定を、

後ろのほうに移動したため、右翼《うよく》が当会に文句《もんく》を言ってきたこともあります。

「天皇が元首としての政治的実権を持っていると思われかねない、今のような扱《あつか》いがよいのか。それとも、過去にもあったように、天皇は文化的象徴《しょうちょう》として存在するほうがよいのか」ということについては、今後、国論が割れてくることもありうると思っています。

私が危惧《きぐ》していたように、今の日本には戦争の危機が訪れていますが、元首には敗戦等によって立場の維持《いじ》が難しくなる面もあります。

ヨーロッパやその他《た》の国々で王室が次々と滅《ほろ》びていっている一方、三千年近い日本の歴史は天皇制の歴史とほぼ一体なので、できれば天皇制が滅びないようにしたいと私は思っています。

昭和天皇のときには、終戦後、皇室の存続は、かなり危なかったと本当に思います。

「ご聖断《せいだん》」と言われますが、戦前や戦中には昭和天皇ご自身が具体的な判断をなされたこともあります。例えば、太平洋戦争では、開戦決定の御前《ごぜん》会議に出られ、そのあと、「開戦の詔《みことのり》」を発しておられますし、終戦時の「ポツダム宣言」の受諾《じゅだく》もそうです。

それから、「二・二六事件」が起きたときには、事件を起こした者たちに対して、「反乱軍だ」という判定を天皇がなされました。〝警視庁〟がするような判断まで天皇がなされたこともあったわけです。

「実権を持っているか、いないか」ということは大きな違《ちが》いです。「実権」があると、責任も生じてきます。

ところが、実権のない「象徴」、いわば棚上《たなあ》げされた存在になると、責任は生じません。ただ、その代わり、「政治的な問題等については実質的な発言をしてはならず、黙《だま》っていなくてはいけない」ということになるのです。

こうなると、外交官をしていた雅子妃には、「もう何も話すことができない」というような苦しさはあるでしょう。

現在の皇室には、そのつくり方自体に中途半端《ちゅうとはんぱ》なところがあります。それに耐《た》えられる人と、耐えられない人がいるのではないかと私は考えています。

このへんの問題を少し整理してみたいと思いますし、また、おこがましいことかもしれませんが、国師《こくし》としては、やはり、参考意見を述べるべきではないかと感じてもいるのです。

皇太子殿下《でんか》と山折《やまおり》氏の各守護霊から意見を聴《き》く

大川隆法　今上天皇の守護霊と雅子さまの守護霊の意見は、以前、お聴《き》きしたので、本日は、徳仁親王《なるひとしんのう》、皇太子殿下《でんか》の守護霊の意見を、お聴きしたいと思います。

皇太子殿下は、記者会見の際に、「山折《やまおり》論文」に反論するようなかたちで、「私は一生懸命《いっしょうけんめい》に頑張《がんば》っている」ということを述べられ、それが産経新聞等（二月二十三日付）に載《の》っていました。

しかし、「マスコミ対応」という意味では、皇室の反論力は非常に弱いものだと言えます。

今のご様子では、今後も公務の遂行《すいこう》には難しい面があるようです。

皇太子殿下は、この問題に引きずり回されているような状態ではないかと考えられるので、皇太子殿下の守護霊のご意見を率直《そっちょく》にお聴き申し上げようと思います。

ただ、もしかしたら、「あまり長くインタビューにお答えする立場にない」ということで、多くを語られない可能性もあります。

そこで、「情報的に十分ではない」と思われたときには、今回の騒動《そうどう》の発端《ほったん》でもある山折哲雄氏の守護霊もお呼びして、山折氏の「本心」を伺《うかが》いたいと思います。

「新潮45」の編集部、新潮社側が、ああいう仕掛《しか》けを行い、強制的に山折氏に書かせた可能性も、ないわけではないので、「そのへんについても伺いたい」という気持ちがあります。

（質問者たちに）今日は、質問等の際、言葉を選ばなくてはいけないでしょう。庶民《しょみん》の出のわれわれには少し厳しいものがありますが、質問者のなかには、過去《かこ》世《ぜ》で江戸《えど》城に執着《しゅうちゃく》を持っていた人もいるようなので（笑）、丁寧《ていねい》な言葉を使えるかもしれません。いずれにせよ、ポイントを押《お》さえた質問をお願いします。

前置きは、このくらいにします。

皇太子殿下の守護霊は二時間も話をなさらないかもしれないので、その場合には、適当なところで終わりにするかもしれません。

一方、山折氏の守護霊とは、おそらく、かなり率直に本音でのトークになるのではないかと思います。

皇太子徳仁親王《なるひとしんのう》の守護霊を招霊《しょうれい》する

大川隆法　（合掌《がっしょう》・瞑目《めいもく》し）それでは、皇太子殿下、徳仁親王《なるひとしんのう》の守護霊を、幸福の科学総合本部にお呼びいたしまして、「現在の日本における、国の中心部分の揺らぎに関し、どのように考えておられるのか」ということや、「将来の天皇になられるご自覚は、どのようなものであるのか」ということについて、お伺いしたいと存じます。

また、「皇太子妃である雅子さまに対する、マスコミのいろいろな批判等について、今、どのような反論を考えておられるのか」ということについても、お聴かせいただければと存じます。

皇太子殿下ご自身は、世間《せけん》に向けて本心を率直に言うことが、なかなかできないと思われます。そこで、私の口を通し、殿下の守護霊の意見を伝えさせていただくことにいたします。

これであれば、何か問題が生じましても、「私が言い間違えた」というかたちで調整の余地がございますので、「私のほうから伝える。信じるも信じないも、聞く人や読む人の自由である」ということにして、皇太子殿下のご本心を伺うことができれば幸いに存じます。

皇太子殿下、徳仁親王の守護霊よ。

皇太子殿下、徳仁親王の守護霊よ。

どうか、幸福の科学総合本部にご降臨たまいて、われらに、その真意を明かしたまえ。

皇太子殿下、徳仁親王の守護霊よ。

どうか、幸福の科学総合本部に降りたまいて、その真意を明かしたまえ。

（約二十秒間の沈黙《ちんもく》）

2 「開かれた皇室」は正しいのか

「病気療養《りょうよう》中」の雅子妃《まさこひ》への個人批判はつらい

皇太子守護霊　うん……、ゴホッ……、はあ……。うーん……。

本地川　皇太子殿下《でんか》、徳仁親王《なるひとしんのう》の守護霊様でございますでしょうか。

皇太子守護霊　うーん……、まあ、少し具合の悪いかたちですね。

本地川　本日は、幸福の科学の総合本部にお越《こ》しくださいまして、まことにありがとうございます。

皇太子守護霊　こういうものは、本当に、「タブーのなかのタブー」でありますので、私どもにも重大な責任が生じますけれども、あなたがた、幸福の科学や大川隆法総裁にも、何らかの責任がかかるおそれがございます。内容に関しましては、慎重《しんちょう》に事を進めていただければ幸いに存じます。

本地川　ありがとうございます。諸般《しょはん》の事情を踏《ふ》まえ、私たちから、皇太子殿下の守護霊様に幾《いく》つかのご質問をさせていただきたいと思います。なかなか、お答えしにくい面もあるかとは思いますが、その点はお許し願いたく存じます。

皇太子守護霊　はい。

本地川　私は、幸福の科学出版の担当をしております、本地川と申します。まず最初に、本日（四月十二日）の読売新聞を見ておりますと、例の、オランダ新国王の即位《そくい》式に当たりまして……。

皇太子守護霊　ああ……。

本地川　皇太子殿下とも非常にご懇意《こんい》であられる、アレクサンダー皇太子の即位に当たり、殿下ご自身は、どのようなお気持ち、お考えなのでしょうか。その一端《いったん》なりともお聴《き》かせいただければ、ありがたく存じます。

皇太子守護霊　あなたのご質問は、マスコミと、そう大きくは変わらないのではないでしょうか。

本地川　申し訳ありません。

皇太子守護霊　うーん……、まあ、今、板挟《いたばさ》みの状態ではありますが、公務としては行かなければならない問題ですし、礼儀《れいぎ》としては、皇太子夫妻《ふさい》で行くべきだと思います。今までの前例に照らせば、そういうことかと思います。

ただ、ご存じのように、成婚《せいこん》二十年のうちの十年は療養《りょうよう》期間で、雅子のほうに、多々、いろいろと支障が出ております。

単なる静養や療養であれば、行けないことはないと思うのですが、「公務を果たす」ということになりますと、そのプレッシャーから、体調その他、優《すぐ》れないものが出てきたときに、先方に迷惑《めいわく》がかかるようになるかもしれません。やはり、日本国の代表として行く場合、「国に対する責任を果たしうるかどうか」という問題が残っているわけですね。

私自身は健康体でございますので、単独で出席させていただいて、みなさまがそれで納得《なっとく》してくだされば、いちばんよろしいと、私としては思うのです。

もしかしたら、国民のみなさまがたのお声を反映してのことなのかもしれませんけれども、いちおう、「病気療養中」と認定されているにもかかわらず、週刊誌等から雅子への個人批判的なものが数多く出ていますので、やはり、そこがつろうございますね。

前回（二〇〇四年の欧州《おうしゅう》訪問時）は、（私が）「人格否定」と申し上げたことが話題になってしまいましたですけれども……。

本地川　お答えいただき、ありがとうございます。

私たちは、雅子さまのことにつきましても非常にご心痛申し上げておりますので、そうした事情を国民にも広くご理解いただければと思い、このような質問をいたしました。

皇太子守護霊　うーん……。

国民の活力や未来への希望になった「ミッチーブーム」

本地川　本当に失礼なことかとは思いますが、宗教学者の山折哲雄《やまおりてつお》氏が皇太子さまのご進退にかかわるような内容の論文を発表し、世の中でも非常に波紋《はもん》を呼んでおります。

その一つとして、今の雅子さまの問題もありますし、公《おおやけ》の立場としての皇太子殿下のご自覚や、私的な立場に立たれてのお考えなどが、国民には、まだ、なかなか理解しがたい面があるため、このような問題も提起されていると思われます。

皇太子殿下ご自身におかれましては、そうした公私の線引き、すなわち、公務としての仕事の面と、雅子さまや愛子《あいこ》さまをお守りしようとされる家族的な面について、今、どのようなお考えでいらっしゃるのでしょうか。その一端なりとも、お聴かせ願えれば、ありがたく思います。

皇太子守護霊　うーん……、ですから、「戦後の『開かれた皇室』路線の考え方は、皇室の伝統に照らして、はたして正しかったのかどうか」ということが、今、検証されているのではないかと思うんですね。

私の母でありますところの皇后陛下が、民間から皇室に入られたときには、「ミッチーブーム」が起き、国民の活力や、未来への希望にもなったことがありますので、そういうかたちで、民主主義的に国民の支持を集め、皇室の再興を図《はか》ろうとしておられたと思うのです。

ただ、いかんせん、私の代では、その希望をつなげることができませんでした。また、結婚の時期にも問題があったかもしれません。

「ミッチーブーム」のときには、非常に景気がよくなっていきましたので、一般の方々のなかには、私が雅子と結婚することにより、いわゆる「ご祝儀《しゅうぎ》相場」のようなかたちで、九〇年代の不況《ふきょう》から、日本が再び急速に景気回復することを願っていた方も数多くいました。けれども、そうした経済効果が特に現れなかったことなども、私どもの巡《めぐ》り合わせの悪さかと思うのですね。

皇室に関して「オープンにしてはいけないもの」もある

皇太子守護霊　ですから、実際上、何と言いますか、「本当は、オープンにしてはいけないものもあるのではないか」と、私は思っているのです。

一方では、北朝鮮《きたちょうせん》や中国のように、報道の自由がまったくなく、すべて上層部で決められ、報道管制をされているような国もありますので、そういう国に比べれば、「皇室であれ、総理大臣であれ、さまざまな批判を受ける国体そのものは、悪いことではないのだろう」と推測いたします。

ただ、生身の人間として生きている者としては、新聞を開いても、週刊誌を開いても、こたえる面がございます。十分な反論もできませんのでね。

以前、私の母にも、あらぬ記事を書かれて失語症《しつごしょう》に陥《おちい》ったことがございます。「夜中に女子職員を起こし、『リンゴをむけ』と命じていた。無理なことを言うのだ」というような不満の入った記事を書かれて、「そんなことはない」という弁明をされたあとに、言葉が失われ、声が出なくなったようなことがありました。

それほど、神経質でナイーブな問題だと思うのです。

それから見れば、「雅子はよく耐《た》えている。この十年以上のバッシングにも、よく耐えているのではないか」と感じております。

いちばんよい解決の道としては、雅子の健康が回復し、みんなの期待できるような明るい笑顔でもって外交をしたり、夫婦単位でさまざまな賓客《ひんきゃく》を接受したりすることができるようになることです。私は、それがいちばんよいと思っております。

本地川　今、お話をお伺《うかが》いし、ある程度、理解させていただきました。

3 「皇室の権威《けんい》」を高めるために

「皇室の存在」そのものに国威を高める効果がある

本地川　現在、日本という国は、「外憂《がいゆう》」というか、例えば、周りの国による国難に遭遇《そうぐう》しておりますが、そのなかにおいて、「皇室の権威《けんい》」というものも、やはり、日本を守る一つの防波堤《ぼうはてい》になると思います。

そういう意味では、公私の問題もあるのですが、皇太子殿下《でんか》におかれましても、皇室としての権威を高めていく上でのお考え、ご自覚というものをお持ちかと存じます。それについては、いかがでしょうか。少しでもお話しくだされば幸いでございます。

皇太子守護霊　うーん……、それについては、「〝重石《おもし》〟としての存在というものがある」と、私は思うのです。

日本の政体として、実際にどうなっているかは分かりにくいのですけれども、昔で言えば、「天皇と征夷大将軍《せいいたいしょうぐん》」の関係が、今の「天皇と首相」の関係になっているのではないでしょうか。

ですから、「外国のトップが来たときに、『首相限りで相手をする場合』と、『天皇がお会いになる場合』、あるいは、『皇太子が会う場合』等がある」ということには、国威を高める意味では非常に効果があると思うのです。

そうした皇室あるいは王室の伝統がない国と違《ちが》い、やはり、「伝統のある国の格式というものが、日本の地位を高めている面はある」と思うのですね。

その意味で、「（皇室は）その存在だけでも、十分な機能がある」とは思われるのですが、「『芸能人のプライバシー問題を追うようなかたちで皇室を追い続ける』という態度はいかがなものか」という気持ちを感じています。

本地川　おっしゃるとおりでございます。「雅子《まさこ》は『皇室外交』に向いている」という結婚《けっこん》時の判断

小林　一点、ご質問させていただきます。

皇太子守護霊　うーん。

小林　私どもも幸福の科学のほうも、宗教の聖務《せいむ》をさせていただいている関係で、ある意味では、今、おっしゃったような問題に直面しており、特に、マスコミ関

係からの攻撃《こうげき》を受けるため、非常によく理解申し上げることができます。

ただ、かたがたおっしゃったように、やはり、「国民の最後のよりどころ」という意味で、この二十一世紀初頭現在の日本の国情のなかで聖務をしていくことになりますと、「現実のマスコミに対して隙《すき》を見せない」と言いますか、マスコミに付け入らせたり批判させたりするような隙を見せないことが、非常に重要になってくるかと思われます。

そういったあたりのことを公務としての仕事レベルで見ていったときに、何がしかの結論を出していく部分を国民から期待されているのではないかと思うのですが、そのあたりはいかがでございましょうか。

皇太子守護霊　うーん、ですから、結婚《けっこん》の経緯《けいい》としては、雅子《まさこ》が外交官をしておったにもかかわらず、何と言いますか、私からの説得の言葉として、「『皇室外交』も同じではありませんか」と言って、来ていただいたところがありますので、そうであれば、まさしく、今のような状態のときに行ってこその「皇室外交」でありましょうね。

まだ外国に慣れていないような女性であれば、海外に行くことによってストレスを起こしたり、むしろ、そちらの方のほうが適応障害を起こしたりしやすいでしょうが、「雅子は、外交官であり、海外に住んでいた経験のある人であるから、海外出張の多い公務の場に向いている」という判断を私のほうがしたわけでありますので、そうした判断責任はすべて私に帰《き》するものだと思っております。

「皇室外交」を実質のないレベルで行うことの難しさ

皇太子守護霊　まあ、何と言いますか、やはり、規制が多うございます。

要するに、宮内庁《くないちょう》的に、「発言してよいこと、悪いこと」といった規制が非常に多いのです。

つまり、皇室あるいは天皇が「元首的な扱《あつか》い」ということになれば、外国において、皇太子や皇太子妃《ひ》の発言は、当然、現首相よりも影響力《えいきょうりょく》のある者の言葉として捉《とら》えられたり伝えられたりします。しかし、内閣の権限を侵《おか》してはならないので、政治利用がなされないように、みな、非常に警戒《けいかい》をしているわけですね。

雅子のほうは、そういうことに対しても、よく意見を言う性格でありました。

やはり、キャリアの部分がどうしても捨てられないですからね。

結局、そういう中途半端《ちゅうとはんぱ》なかたちではありますけれども、実際上、「仕事をさせない勢力」があるわけです。

もし、口を滑《すべ》らせたときに困りますし、特に、英語などで話されてしまった場合には、発言が残りますのでね。普通《ふつう》は、重要な政治問題に絡《から》むようなことの場合、日本語で話したものを通訳するかたちにすれば、たとえ失言等をしたとしても、「通訳が間違えた」ということで、ワンクッション置くことができるわけです。

われわれは、外交的なものを英語で行うことができるのですが、「外交的なことを、実質のないレベルで抑《おさ》えることができるかどうか」という判断は、非常に難しいところです。学習院的なるものや、皇族あるいは華族《かぞく》的な存在を知っている者にとっては、そのあたりの部分は理解ができるのですけれども、欧米《おうべい》的な思考に慣れている者にとっては、判断が非常に難しいところです。

「華族《かぞく》制度の廃止《はいし》」で皇室の外堀《そとぼり》を埋《う》められた

皇太子守護霊　今、皇室が守られていない理由は、やはり、戦後の改革のなかで、特に「華族《かぞく》制度」が廃止《はいし》されたことも関係していると思います。

そうした皇室に連なる「華族制度」が廃止されてしまったことによって、外堀《そとぼり》を埋《う》められたかたちになり、皇室を守る力が弱まり、皇室が〝裸《はだか》の天守閣〟のようになっているのと思うのです。そのため、皇室を守るところがないのではないでしょうか。

それに、皇室のなかにいる者たちも、その制約を嫌《いや》がって、今、どんどん外に出たがっておりますでしょう？　学習院を選ばずに、ほかのところに行きたがったりしておりますでしょう？　やはり、一般《いっぱん》の世界に対する憧《あこが》れがあるのです。

ですから、アニメ映画にありますような、お城に閉じ込《こ》められたお姫様《ひめさま》や王子様のような感じを受けやすい環境《かんきょう》ではありますね。

紀子《きこ》さまとの結婚《けっこん》で「品格」や「風格」が出てきた秋篠宮《あきしののみや》

小林　皇太子殿下としては、今、おっしゃったような、「『伝統的な価値やスタイル』を何とか守っていきたい」というご意志を持っていらっしゃると理解させていただいてよろしいでしょうか。

皇太子守護霊　まあ、私も、若いころには、「昭和天皇に似ている」というところで、期待が集まっていることをヒシヒシと感じていたのでございますが、弟の秋篠宮《あきしののみや》のほうはやんちゃでありましたので、次男の自由さを満喫《まんきつ》していたように思います。

しかし、紀子《きこ》さんをもらわれてから、この立場がやや逆になりつつあります。秋篠宮のほうに、何となく品格や風格が出てきて、さまざまな方々への接受等においても、そつのないかたちになりつつありますが、そのようなものが、日本的な「内助《ないじょ》の功《こう》」として認められる傾向《けいこう》があるわけです。欧米的に見れば、何も特段のことをしているわけではないのですが、日本的には、その、「何もしないで支える」というようなところを評価される面があるのです。

これは、頭脳明晰《めいせき》な雅子には、やはり、少々つらい修行《しゅぎょう》だったのではないかと思います。

結局、私と一緒《いっしょ》に並べて話をさせると、あちら（雅子妃）のほうが言いすぎたりすることを、周りがとても恐《おそ》れているわけです。紀子さんの場合には、そういうことはほとんどありませんが、（雅子妃には）それができないために、今、オール・オア・ナッシングになってしまっていて、「話ができないならば出ない」というかたちになっているのです。

「内裏雛《だいりびな》」のような皇室のスタイルは戦後のもの

小林　「若いころの皇太子殿下に、昭和天皇の面影《おもかげ》を見た」という声は、私も、複数の人から聞いていまして、それはよく理解できます。

おそらく、多くの国民は、一般的に、「皇太子」というお立場を、「天皇になるための修行プロセス」と言いますか、準備段階、準備期間というように捉えているると思います。

その意味において、今の皇太子殿下のさまざまなご判断やお考えに対し、やがて天皇陛下として即位《そくい》されたときのことを慮《おもんぱか》り、さまざまな方がご意見申し上げているのではないでしょうか。

「いずれ陛下になられる身」ということで、最終的に天皇陛下になられるところまで考えたときには、多くの方が、どういう判断をされるかを期待の目で見ておられるのではないかと思うのです。

皇太子守護霊　「山折《やまおり》論文」に関しましては、うーん……、何と言いましょうか、ちょっとした不意打ちでしたかね。「まさか、ここまで言ってくるとは……」という感じはございました。

私個人としては、一人で動いてはおりましたものの、公務をこなしているつもりではいたのです。

もし、国民の目には、雅子の個人的な問題によって、私が公務を縮小し、控《ひか》えている、もっとはっきりとした言葉で言えば、「手抜《てぬ》きをしている」というように映っており、それが「山折論文」を通じて代弁されているだけならば、私は、もう一段の公務に励《はげ》まねばならんのですけれども……。

実際に、テレビカメラが動くようになったころから、「内裏雛《だいりびな》のように並んで行く」ということが皇室のスタイルとして確立しているのかもしれませんが、古代においては、必ずしも、そういうかたちではなかったであろうと思うのですね。

そのあたりのことについては、戦後の憲法体制、民法体制等の考え方が影響しているでしょう。

つまり、「皇太子妃といえども、民法的には日本国民であるとすれば、夫の公務に対しては、奥様《おくさま》としての立場でお世話をしなければならない」といった、暗《あん》黙《もく》のうちの了解《りょうかい》のようなものがあり、それをしていないことに対する批判が出ていると思います。

皇室の活動をお金に換算《かんさん》するのは難しい

皇太子守護霊　また、国が財政赤字を抱《かか》えているという状況にあって、公務員や、その給与《きゅうよ》の削減《さくげん》等も始まっておりますが、当然ながら、上へ上へと責任を問うてくるものでございます。

「皇室は本当に役に立っているのか」というような、お金の問題で言われるのは非常につろうございますけれども、われわれの活動をお金に換算《かんさん》するのは、少々難しいことだとは思っております。しかし、そうしたことに突《つ》っ込んでこられるのは、やはり厳しゅうございますね。

「結局、皇室の威光あるいは権威といった〝光〟が落ちているところが問題なのではないか」と思っております。それをどうやって上げるのかが、今、大きな課題です。

やはり、「雅子を娶《めと》ることによって、皇室の権威は上がるものだ」というように、私は考えていたものですから、もし、下がるかたちになっているとするならば、それは私の責任です。

結局において、「雅子問題」と言っても、「私の問題」であるわけです。ですから、「皇太子には天皇になる資格があるのかどうかを問われている」ということだと理解しています。

「国民から異論が出ている」ということへの心当たり

小林　「山折論文」の問題点については、別な機会に探究させていただきたいと思っております（本書第2章参照）。

皇太子守護霊　ええ。

小林　ただいま、おっしゃっていましたとおり、夫婦《ふうふ》単位で行動されることは、必ずしも、日本古来の伝統だったわけでもございません。

また、雅子妃のことで、公務に影響があったわけではなく、ましてや、手抜きがあったわけでもないのですから、そのご主張は、報道等を通して、積極的にしていかれたほうがよろしいのではないかと、強く感じます。

皇太子守護霊　ええ。百二十五代にわたる天皇の歴史について、私も詳《くわ》しく存じ上げるわけではございませんけれども、「皇后が病気になられる」ぐらいのことは幾《いく》らでもあったであろうと思いますし、もちろん、「皇太子が病気になる」ことだって、あったでありましょう。

ただ、「それをもって全体を判断する」というようなことは、それほどなかったと思うので、今は、「おそらく、私の考えや価値判断に対して、国民に異論があるからではないか」というように受け止めてはおります。

ですから、右翼《うよく》と言いますか、保守の側の人からすれば、結婚の際に、私が、雅子に、「一生、お守り申し上げます」ということを約束したのが、ナイト（騎《き》士《し》）の立場に立つような言い方であったため、「そのことに納得《なっとく》がいっていないのではないか」という気はします。

4 「皇室改革」の必要性

日本の官僚《かんりょう》組織より旧《ふる》い体質を持っている皇室

皇太子守護霊　本当は、雅子《まさこ》も公務ができたのですけれども、雅子が公務をできるようにするためには、「皇室改革」が必要だったのです。

ただ、皇室というものは、日本の官僚《かんりょう》組織よりも、さらに旧《ふる》い体質を持っており、改革するのが非常に難しいものなので、「もう少し、（周囲に）欧米《おうべい》型の思考ができる組織というか、人が要《い》る」と考えるべきだったと思います。

（雅子妃《ひ》は）ヒラリー・クリントンさんのような働き方であれば、できたのだろうと思うのですが、〝その上〟の働き方については、皇室に入ってからいろいろと教わりはしたものの、十分には理解し切れなかった面もあったのではないでしょうか。

だから、「価値観において、何を上とし、何を下とするか」という判断のところで、やや矛盾《むじゅん》が生じたのだと思われます。

日本は、「言挙《ことあ》げしない国」であり、何も言わない日本人に対して、外国からは、「無能だ」とか、「無思想だ」とか、いろいろと言われるのですが、そのような考え方が、日本的には、「沈黙《ちんもく》は金《きん》なり」と受け取られるわけです。やはり、そのへんの思想矛盾があったのではないかと思うのです。

外部への情報漏洩《ろうえい》も非常に激しくなっている

小林　天皇陛下として即位《そくい》された場合、外交関係を含《ふく》めて、おそらく、今の数倍ないしは、十倍もの公務日程が組まれると思うのですけれども、いかがでしょうか。

皇太子守護霊　雅子としては、皇室がホワイトハウスのような機動的な組織になっていれば仕事ができるけれども、そうではなくて、「何も仕事はないにもかかわらず、人だけが大勢いる」という場所であるならば、立ち居振《ふ》る舞《ま》いも非常に難しいでしょうし、身の置き所がないかもしれません。

些細《ささい》なことを、いろいろと、あげつらったりされることもありますし、最近では、外部への情報漏洩《ろうえい》も非常に激しいのです。おそらく、マスコミが、外から通っている職員の個人宅に取材をかけたり、あるいは、知り合いを通じて取材をしたりしているのだろうとは思いますけれども、ここまで公私の「私《し》」がなく、プライバシーがない世界には、非常に厳しいものがあります。

また、私としては、仕事をしていないどころか、いろいろと動いているつもりではあるのですけれども、おそらく国民から見れば、「皇室の忙《いそが》しい日程は、本当に要るものなのかどうか」と、疑問に思っているのかもしれません。

いろいろな施設《しせつ》を慰問《いもん》したり、震災《しんさい》等のあとに被災地《ひさいち》を慰問したりする仕事もございますけれども、このへんには、確かに内閣等とも並行して行われるようなところもございますからね。

中東訪問の際に受けた「思いがけない批判」

皇太子守護霊　それから、政治家の場合は、さすがに言われることが少ないとは思いますが、私たちの場合は、「笑い方」や「手の振り方」、「座っているか、立っているか」までが批判の対象になりますので、このへんの判断には、非常に難しいものがあります。「国民がどう思うか」という、その全体感を感じ取ることは、やはり難しいものなのです。

例えば、以前、阪神《はんしん》・淡路《あわじ》大震災の直後に、私たちは中東を訪問いたしました。そうした際の服装などは、事前に宮内庁《くないちょう》職員が準備するものなので、だいぶ前から決まっており、雅子は、紅白の服を着て行ったのです。日本から離《はな》れてもいましたので、「明るい新婚《しんこん》カップル」という感じで、にこやかに手を振りながら中東を回ったのですが、思い返せば、そのあたりが、いちばんよかったころかもしれません。

ただ、テレビ中継《ちゅうけい》等で、「片方は被災地で苦しんでおり、もう片方は（中東で）喜んでいる」というような映像を同時に映されると、「国の上にある者は、国民の痛みを分からなくてはいけない」という批判を受けることになるわけです。やはり、そういうことがあると、その後、外に出られなくなってくるようなところがありましたね。

その当時は、「阪神・淡路大震災で、日本が悲しんでいても、中東の方々にまで悲しそうな顔を見せて歩く必要はないのではないか」という気がしていました し、喪服《もふく》に近いような服装にするかどうかは、自分たちの裁量で決められたこと ではなく、事前に決まっていたものでもあったのです。

うーん、難しいです。

「皇室報道」に対する要望

金澤　今のお話を伺《うかが》っておりますと、「皇室報道のあり方」にも問題があるよう に思います。

私ども国民には、どうしても、妃殿下《ひでんか》や敬宮愛子内親王《としのみやあいこないしんのう》殿下の話ばかりが伝わ ってきてしまっています。一部だけを取り出した報道がなされているためか、皇 太子殿下が、まるで、公私のバランスを崩《くず》しているかのような誤解を招いている 気もするのです。

確かに、今のマスコミには、自分たちの都合《つごう》のいい部分だけを取り出して、世《せ》論《ろん》を誘導《ゆうどう》しているところもありますので、私たちは、皇太子殿下の「日本を思う気持ち」等を直接、知る機会など、ほとんど持てません。

皇太子守護霊　うん、うん、うん。

金澤　ですので、可能であれば、この機会に、皇太子殿下の「日本の国民《くにたみ》への思い」や、「今後、日本は、どのように世界の人々のために役に立っていけばいいか」等について、お考えをお聴《き》かせ願えれば、たいへんありがたく存じます。

皇太子守護霊　やはり、「戦後路線のなかに、人によっては合っていて、人によっては合っていないものがあった」と思わざるをえません。

雅子の「オランダ訪問の可否」の問題に関しましても、最近の報道が、そうとうこたえてもおります。

例えば、「ハンドバッグが五十万円だ」とか、「ネックレスが二百万円だ」とか、そんな記事が週刊誌に出回っておりますけれども、決して、自分たちで財布《さいふ》を持って買って歩いているわけではないのです。それらは、周りの者が、それ相応と判断して購入《こうにゅう》しているのだろうと思うのですが、そういうものの値段までが外に出ていくような体質が、今の皇室にはあるのでしょう。皇室の内部に、そういう「告発する体質」ができているのかもしれませんし、「内部からの不満」が、たぶん、外に出ていっているのだと思います。

あるいは、私が、あまりにも（家族に対して）献身《けんしん》的に接しているように見えるため、そこにご不満があるのかもしれませんね。「もう少し厳しく接したり、叱《しか》ったりするようなところを見たいのかもしれない」とも思います。

けれども、うーん、どうなのでしょうか。

やはり、「大事なことに力を注げるように、軽微《けいび》な問題については守っていこう」という感じにしてくださるとありがたいのですが、とにかく、「皇室の権威」が失われる流れができていることが残念です。

美智子《みちこ》皇后の雅子妃《まさこひ》に対する「皇室改革」への期待

皇太子守護霊　母も、皇室に入った折には、「母乳で子供を育てる」とか、「手料理をつくる」とかいうことに対して、宮内庁職員から批判を浴び、そうとう戦ったので、雅子《まさこ》には、「自分以上に強い戦いをして、皇室改革をしてほしい」という思いも持っていたのではないでしょうか。

しかし、「あまりにも（皇室の）体質が旧すぎたことと、雅子が、日本人のなかでは、あまりにも外国適性の高すぎる人であったことが、不幸の原因であった」という感じはありますね。

せめて、私どもに人事権があれば、もう少し使いやすい方を側に置くことによって、何かできることもあったのかもしれません。

戦後の憲法体制の問題と、皇室本来のあり方

皇太子守護霊　また、その根本《こんぽん》には、「憲法解釈《かいしゃく》の問題」があるとは思うのです。小和田《おわだ》の父（小和田恆氏《ひさし》）は、国際法学者でもあるし、戦後の憲法体制のなかで育った方でもありましょうから、このへんの理解についての問題は、やはり、あるのではないでしょうか。

つまり、「象徴《しょうちょう》天皇制」の意味をめぐっての解釈の問題もございますし、「天皇の『人間宣言』とは何だったのか」という問題もありますけれども、やはり、戦後、左翼《さよく》思想が非常に広がった時代に出来上がった学問体系の影響《えいきょう》を受けている

わけです。

当時は、「皇室が取り潰《つぶ》されなかっただけでもありがたい」という感じで、皇室自体が、「ゼロからのスタート」をしておりますので、「いかに国民から支持を受けるか」ということが大事ではあったのですけれども、それは、皇室本来のあり方ではなかったのかもしれません。「マスコミ受けするスター」のようなあり方を求められていたのでしょうが、天皇家の歴史とは、そういうものではなかったのではないかと感じております。

「マスコミ対策」における皇室の限界

小林　そのあたりの、「歴史認識の是正《ぜせい》」や「学問の改革」にかかわるテーマには、これから、私どもも、全力で取り組んでいくつもりです。

また、マスコミの報道姿勢の問題については、私どもも、おそらく同様の経験をしていると思います。この状況《じょうきょう》からして、彼らは、だんだん、その包囲網《ほういもう》を狭《せば》めてくるはずです。

皇太子守護霊　そうそう、そうなんです。

小林　ただ、皇太子殿下は、状況を的確に分析《ぶんせき》しておられますから、そこから打って出て、やはり勝負をかけないと……。

皇太子守護霊　それが無理なのです。

あなたがたも似たような体験をされているので、よく分かってくださってはいるとは思うのですが、あなたがたには、言論を自由に発信される力があります。また、講演をしたり、本を出したりすることもできます。それから、裁判をなされることもおありだし、デモをされることだっておありなわけです。

しかし、皇室には、本を出して反論したり、講演会を開いて反論したり、デモをしたり、裁判をしたりすることは、まったくできません。そういう意味では、手段が限られているのです。

5　皇室本来の役割とは

「日本神道《しんとう》の祭祀長《さいしちょう》」としての天皇

小林　確かに、現下の憲法解釈《かいしゃく》では、政治的発言について難しい部分はあるかと思います。

けれども、宮中の事柄《ことがら》や、外交関係を含《ふく》めての聖務《せいむ》に関しては、「山折《やまおり》論文」を通じて、ある種の誤解を与《あた》えようとした勢力等の言い分だけではなく、皇太子殿下《でんか》のほうからも、「今の皇室制度の下《もと》で、十分に正当性を果たしているのだ」という主張を、公《おおやけ》にしていくべきではないでしょうか。

皇太子守護霊　それは、皇室のなかの、いわゆる「宗教的な部分」ですね。

小林　はい。

皇太子守護霊　今、「聖務」とおっしゃったけれども、「宗教的な部分」、つまり、「天皇が、本来、日本神道《しんとう》の祭祀長《さいしちょう》としての役割を引き継《つ》いでいる」ということは、現行憲法から見ると、表には出せない部分ではあるのです。

明治以降、「神道は、宗教ではない」という逃《に》げ方もございますけれども、実質上、「神社は、宗教ではない」とは言えません。その頂点にあるのが皇室であり、その聖務を行っているわけなのです。

ただ、そのことについては報道できませんし、公開もできない状態にあるので、それ以外の「一般庶民《いっぱんしょみん》が見えるかたちの動き」しか報道されないことになります。

おそらく、あなたがたも苦しんでいらっしゃるとは思うのです。政教分離《ぶんり》規定を持ち出され、「宗教なのに政治運動をしている」とか、「政治発言をしている」とかいうことに対して、マスコミから批判されたり、無視されたりしているところがあるのではないでしょうか。

私たち皇室におる者もまた、政治的な発言や行動が難しいのと同様、宗教的な発言や行動も難しいのです。

実際には、日本神道の祭祀を執《と》り行っているにもかかわらず、そうしたことに対しては、「習俗《しゅうぞく》的なもの」、あるいは、「伝統的なもの」、「形式的なもの」として振《ふ》る舞《ま》わねばならないところがあって、これを、「宗教的に、重要な意味があるものだ」と位置づけようとしても、理解しない者が大勢いるわけですね。

天皇陛下も私も、さまざまなところに参拝《さんぱい》したり、祈願《きがん》したりすることが、本当は仕事のなかに入っているのですけれども、そのへんの値打ちが理解できないのは、あなたがたの仕事の値打ちが理解できないのと同じことなのだろうと思いますね。

左翼《さよく》史観からは「皇室の伝統」が虚妄《きょもう》に見える

本地川　これまでのお話のとおり、皇室の権威《けんい》を高め、光を増すことは、国民にとって幸福なことであり、日本の弥栄《いやさか》につながることでもあります。

しかし、その皇室を貶《おとし》める一因として、「戦後教育」という問題があります。これまで、皇室や日本の国体を貶めたり、あるいは、国歌や国旗を貶めたりするような教育がなされてきました。

こうしたことについて、今、皇太子殿下としては、どのようにお考えでしょうか。

皇太子守護霊　おそらく、古代の天皇の存在等は、「神話」として扱《あつか》われていたのであろうし、最近では、「聖徳太子《しょうとくたいし》は、実在の人物ではない」という議論まで出てき始めています。

聖徳太子が実在された証拠《しょうこ》は数多くありますので、こういうことがまかり通るのが、いわゆる左翼《さよく》言論なのだろうと思うのです。

それは、「突出《とっしゅつ》した者や偉人《いじん》、あるいは、神の存在等を否定したい」という気持ちなのでしょう。

まあ、そういう気持ちがあることは、理解できないわけではありません。しかし、そのような左翼史観からは、たぶん、皇室百二十五代の伝統なるものなど、まったくの虚妄《きょもう》に見えるのだろうと思います。

「皇室そのものは、天照大神《あまてらすおおみかみ》の子孫である」ということになっておりますのでね。

「神なるものは存在しないのだから、『神の子孫が地上に降りて連綿と続いた』ということは認めがたい」と考える勢力は、おそらく、あなたがたの教義や霊言《れいげん》を認めない勢力と同じものでしょうけれども、こういう思想の下《もと》に行われた教育を、大部分の人が受けているのです。

ですから、表面的には敬意が払《はら》われてはおりますものの、実質的には、昭和天皇のお徳でもって生き延びられたところは、そうとうあったかと思うんですね。戦後、皇室が存続できるかどうかは、本当に紙一重《かみひとえ》だったのでしょう。

マッカーサーが、皇室の者を処刑《しょけい》するところまでやっておれば、もはや、なくなっているわけですし、正田美智子《しょうだみちこ》と呼ばれた当時の母が、皇室に嫁入《よめい》りするときにも、男のご兄弟は、公然と反対しておられました。もし、共産主義革命が起きたら、死刑にされるのが目に見えているので、「マリー・アントワネットになってしまう」という理由で反対していたことも、現実にあったのです。

6 「宮内庁《くないちょう》の存在理由」に対する疑問

皇太子守護霊　そういう逆風のなかで、評価を逆転しようとして、「開かれた皇室」「民衆に愛される皇室」というものを目指してきたわけですが、雅子《まさこ》のところは、「これが適正だったのか。私の執着《しゅうちゃく》だったのか」ということが問われているのかもしれません。

ただ、私としては、「『日本が世界の大国になって、外国の元首級の方々と交流するときにも、一目置かれるような女性』という意味での選択《せんたく》は間違《まちが》っていなかった」と思っております。「『外国に行くのも怖《こわ》い』という女性では困るのではないか」とは思ったわけですけれども、このへんは悔《くや》しいところですね。

ちなみに、私は、「水の研究」をやっておりますけれども、皇室では、歴代天皇も、みな、政治・経済・法律系のものを、なるべく研究せずに、自然科学とか、古代のこととか、あまり現代に影響《えいきょう》しないものを研究対象にしていました。

そのように、宮内庁《くないちょう》は、皇室に対して、「実質上の仕事をさせない」という体質を持っていますので、「宮内庁自体が、皇室のために存在するのか。皇室を〝幽閉《ゆうへい》〟するために存在するのか」、このへんには分からない面がありますね。

つまり、私たちが仕事をしたいときに、必ずしも、それを促進《そくしん》する勢力になっているわけではないのです。

これは、「全体を見ながら演出し、マスコミや国民にアピールして、皇室の評価を高めるだけの知恵者《ちえしゃ》がいなくなった」と言えば、それまででしょうし、「それだけの権威《けんい》のある方が存在しない」ということであるのかもしれません。

私どもは、今や、「内裏雛《だいりびな》的な存在」になっていると思っています。

7　皇室に許される仕事はどこまでか
「皇室の責任問題が出ないこと」をまず考える宮内庁《くないちょう》

小林　私からの最後のご質問になりますけれども……。

皇太子守護霊　ええ。

小林　「政治的な分野での発言が駄目《だめ》で、宗教的な密儀《みつぎ》の部分を強調するわけにもいかない」ということになりますと、やはり、外交の分野で、皇室の存在意義といいますか、存在理由をアピールしていくことが、消去法でいきますと、どうしても必要になってくるのではないかと思います。

皇太子守護霊　ええ。そうです。

小林　そこに生命線があるとしますと、やはり、その分野で何らかの判断をするなり、あるいは、制約条件を解除するなり、何かアピールをすべきであって、座《ざ》して見ていては、ちょっと、まずいのではないかという感じが、率直《そっちょく》にいたします。

この一、二年で、憲法解釈《かいしゃく》が変わることは、おそらくないだろうと思われますので、消去法でいくと、「外交、外事における皇室の意義というものを、さまざまな制約や困難を乗り越《こ》えて前に進める」ということが、現時点で取りうるベターな選択《せんたく》であり、それを行っていく必要があるのではないかと思うのです。

皇太子守護霊　まあ、そうではあるのですけど、先般《せんぱん》も、オリンピックの東京招《しょう》致《ち》運動ですか、そういう選考委員が東京に来られたときに、私がいちおうお会いしました。あれも、前回は反対されてできなかったのですが、今回は、「働いていない」という批判があったので、私のほうが、無理を承知で出ていって、お会いしたのです（注。二〇一三年三月四日、皇太子殿下《でんか》は、五輪開催《かいさい》候補都市の視察で来日中の国際オリンピック委員会 評価委員会メンバーを接見された）。

ヨーロッパのほうでは、王室関係の人たちが、そういうものの招致のために働いたりするのは当たり前のことであるのですけども、日本の宮内庁《くないちょう》の場合は、「そういう、本来、東京都知事がやるようなこと、あるいは、首相や閣僚《かくりょう》がやるようなことに、皇室が直接かかわって運動をし、その結果、もし東京に決まらなかった場合に、責任問題が出る」ということを、まず考えます。そのため、宮内庁には、「出ないでいただきたい。できたら、都知事限りか、あるいは、首相限りの責任にしていただきたい」という気持ちがあるのです。

でも、こういう考えが通ってくると、だんだん、いろいろなことが全部できなくなって、最後には、冠婚葬祭《かんこんそうさい》的なものや、儀礼的なもののみを選択していくセレクションになっていくので、すごく狭《せま》くなっていくんですよね。

「皇室に実《じつ》のある仕事が許されるか」という闘争《とうそう》が問題の本質

皇太子守護霊　今、私が（この場に）出ていることによって、あなたがたは、例えば、「北朝鮮《きたちょうせん》の核《かく》ミサイルについて、どう思いますか」とか、「中国の海洋進出について、どう思いますか」とか、そういう質問をお訊《き》きになりたいでしょうけれども、こういうものについて公式の会見の場で意見を述べることができないのが、皇室なんですよね。

これを言ってしまえば、「内閣の判断や国家戦略に対しての干渉《かんしょう》に当たる」と判断されますので、外国のことといえども、自由にはしゃべれないのです。「そういうことをしているぐらいなら、水の研究でもしていてください」ということになるんですよね。

だから、考え方が消極的なんですよ。そういう意味での、何というか、あなたがたから見ると、付加価値を生む仕事ができないので、「せめて、よく働いているところを見ていただこう」と思って、いろいろなところを訪問して回ったりしています。まあ、回数としては「やりすぎ」と言われているほど、多くの人に会ったり、訪問したり、接受したりするようなことを増やしてはいるのです。

でも、そういう外国の要人が来たときに宮中で接受するような仕事も、憲法に規定されている大事な仕事ではあるのですけども、そういうときに、イミテーシヨンばかりを身に着けて出るというのであれば、外国の方が、きちんと立派なものを着けて出てこられたら、釣《つ》り合わないので恥《は》ずかしい思いをしますよね。

ですから、きちんと身分に釣り合うようなものを着けていなければいけないのですけれども、そういうことに関しても、庶民《しょみん》感覚で批判をなされてくるようなところもあって、本当にやりにくいところがございますね。

私どもは、今、「積極的に、資本主義社会のなかで富を創造する」ということができない立場にあるので、このへんが難しいですね。

ですから、経済の問題を訊かれて、「アベノミクスについてどう思いますか」と言われても、答えることができないんですよ。言ってはいけないことになっておりますのでね。

どのような内閣であろうと、承認しなければならないし、意見を言ってはならないことになっております。

まあ、ここのところなんですよ。「雅子妃《まさこひ》問題」と言われているものも、実は、それは象徴《しょうちょう》であって、実質的には、「皇室の権限なり、そうした実《じつ》のある仕事なりが許されるのか否《いな》か」の闘争《とうそう》をやっているわけなんですよね。

8　戦後の皇室を取り巻く環境《かんきょう》について

「象徴《しょうちょう》」でありつつ、「実質的元首《げんしゅ》」でもあった昭和天皇

小林　最近、昭和天皇時代に天皇陛下がいろいろとなされたことについて、少しずつ、今まで秘されていた歴史が漏《も》れ伝わるようになってきています。

それを見てみますと、戦後の象徴《しょうちょう》天皇制の下で、「意見を言ってはならない」とは言われながらも、実は、「実質的な元首《げんしゅ》として、最終的な責任を負わなければいけない」という意識をお持ちになられていて、表には出ないけれども、けっこう、いろいろなメッセージを発信されたり、しかるべきところに親書を届けられたりされていたようです。

そのように、「昭和天皇は、首相が動くための地ならしを、見えないところでされていた」という歴史の証言が、最近、だんだんと出てきています。私は、それを拝見したときに、それ自体は決して悪いことではないと思いました。

やはり、「そういう部分が皇室に問われているのだ」という問題意識がおありであれば、いろいろな工夫《くふう》をしながら、この国を素晴《すば》らしい方向へ持っていくための何がしかの貢献《こうけん》と言いますか、そういったあたりも視野に入れつつ、将来的なことを睨《にら》んで行動していかれると素晴らしいのではないかと思うのです。

皇太子守護霊　昭和天皇に関しましては、長くご在位なされたこともございますし、戦前には、実質的な権力に近いものを発揮されたこともございます。

そういう歴史を背負っての「戦後の象徴天皇」ということでありましたので、「象徴」であっても、やはり「実質」があったわけですよね。「この二つの時代を乗り切られた」ということです。

ただ、明治帝《てい》との違《ちが》いは、やはり、「敗戦があったため、神格化ができない」ということです。明治神宮《じんぐう》はできていますけれども、昭和神宮はつくれないでしょうね。

（昭和神宮をつくると）当然、近隣《きんりん》の国からの反発も出てきますし、内部からも、日本の亡《な》くなった方々に対する天皇の責任を問われます。そういう積極的な行為《こうい》をしたら、そのようなことになりますから、できないでいるとは思いますが、「（昭和天皇は）神格のあった方だ」と私は思っております。

けれども、判断に誤りがあったりしたときに、やはり、大きな責任が生まれることもございます。

先の大戦において、「天皇は開戦には反対であったのだ」ということが、いちおう説としては固まっておりますけれども、実質上、そうは言っても、最高責任者であったことは事実ですし、兵隊の多くは、「天皇陛下万歳《ばんざい》！」と言って死んでいっているわけでありますので、その意味で、「包括《ほうかつ》的な意味での戦争責任から逃《のが》れることはできない」ということを、昭和天皇はよくご理解なされていたと思います。

ですから、戦後の歩みそのものは、昭和天皇ご自身にとって、贖罪《しょくざい》の日々であったのではないかなという気もします。

この国が経済的にも成長し、国民の暮らしが豊かになることによって、その気持ちが、かなり安らがれたのではないかと考えております。

左翼《さよく》思想に染まり、皇室を守らなくなった学習院

皇太子守護霊　そのあとを受けた今上《きんじょう》天皇に関しては、やはり、そうとう苦しい出発をなされたのではないかと思います。

敗戦後、GHQ等の教育や皇室への方針を受けて、そうとう苦しいなか、まるで、かつて徳川家康《とくがわいえやす》が幼少時代に人質《ひとじち》になっていたときのような、自由のない世界のなかで、幼少時を過ごされたということがございました。

また、皇室を守るためにあるべき学習院ですら、皇太子として公務でヨーロッパに長期間行かれたことでもって、「必修単位が足りない」とか、「出席日数が足りない」とか、そのような理由で、卒業証書を出されませんでした。

そのようなことを学習院がなされたこと自体が、もう、「学習院自らが左翼《さよく》思想にそうとう染まっていた」ということだと思いますね。

天皇の代理として、公務で行っているのですから、出席時間が足りなくなることはありましょうけど、そういうものは、レポートなり何なりで、きちんとバックアップ措置《そち》をとるのが当然のことですよね。

本当は、こういうことをしなかったこと自体で、学習院の存続意義自体が、実は失われていると思うんですよ。

これが、本当は〝重い傷〟になって残っていると思います。今、皇族の者が学習院を避《さ》けてよそに行き始めていますけど、こういう思いが、長く、何十年か水面下をくぐって、今、吹《ふ》き出してきているのではないかと思います。

旧華族《かぞく》もなくなって、外堀《そとぼり》も埋《う》まってしまいましたが、「実質上、学習院が皇室を守っていない」ということで、「内堀も埋まっている」という状況《じょうきょう》ですよね。

ですから、山折《やまおり》論文みたいなものに対しても、私自らが出ていって弁明をすることまでしなければ、そのまま通ってしまいそうな感じもありましたのでね。

「結婚《けっこん》のときの言葉に忠実でありたい」とのご本心

皇太子守護霊　雅子《まさこ》という人間一人を、何と言いますか、〝生贄《いけにえ》〟にすることによって、マスコミという名の「腹を空《す》かせた生き物たち」は喜ぶのかもしれませ

ん。ただ、私としては、やはり、人間として誠実でありたいので、「結婚《けっこん》のとき
に自分の言った言葉に忠実でありたい」と思っております。
「それは、公的なものではなく、私的なものだ」と言われたら、そうかもしれ
ませんが、公職にある者として、私的に言ったことであっても、ある程度、それ
を貫《つらぬ》きたいと思います。「『一生、お守りします』と言った以上、守れなかったら、
私自身も存在できない」と考えております。

9　霊的《れいてき》背景に関する見解

「外国での転生《てんしょう》」は、雅子妃《まさこひ》の適応障害の理由にはならない

本地川　ありがとうございます。

私のほうから、少しご質問させていただきます。

皇太子守護霊　はい。

本地川　今、雅子妃殿下《まさこひでんか》についてのお話がございましたが、先《せん》だって、雅子妃殿下の守護霊様に、こちらにお越《こ》しいただきまして……。

皇太子守護霊　ええ。

本地川　大川隆法総裁のお力を借り、守護霊のお言葉を頂きました。

そのなかで、大川総裁が看破されたことは、「雅子妃殿下が、日本神道《しんとう》系の神々のなかに、なかなか入り込《こ》めずにいることが、今回の問題の大きな原因の一つではないか」ということでした。

これに関する皇太子殿下のお考え、お気持ちは、いかがでございましょうか。

皇太子守護霊　まあ、それは、そういう言い方もございましょう。

あなたがたのご研究の結果、もう出ておりますように、雅子は、いろいろな国にわたって転生《てんしょう》なされているとのことでございますけれども、「日本の過去の伝統を経験していないから、日本人に生まれたら、適応障害を起こす」というようなことは、必ずしもあっていいわけではないと思うのです。

かつて外国人としていろいろと活躍《かつやく》された方が、日本人としてお生まれになって、日本でしかるべき地位に就《つ》いたり、総理大臣になったり、皇室に出たりしても、別におかしくはないと思うし、それが新しい改革を生むことだって、当然、あるわけなので、プラス思考で考えることも可能ではあろうと思うんですね。

ですから、日本神道系の神々が、何か、嫌《いや》がっているか、妨害《ぼうがい》しているかのような言い方もされているのかもしれませんが、別の意味で言えば、日本神道系の神々ではなくて、「宮内庁《くないちょう》に仕えている職員が、その伝統を変えたくない」という、ただこの一点と言えば、この一点なのではないかなと思います。

本地川　ありがとうございます。

幸福の科学や大川総裁には、一定の敬意を表している

本地川　これからの皇室のあり方や、皇室の未来につきましては、やはり、次の天皇陛下になられる資格をお持ちの皇太子殿下のお考えが非常に大きいと思うのですが、最近、幸福の科学からも、明治天皇や、今上《きんじょう》天皇の御《み》言葉を、霊言《れいげん》というかたちで発刊させていただきました（『明治天皇・昭和天皇の霊言』〔幸福の科学出版刊〕、前掲《ぜんけい》『今上天皇・元首《げんしゅ》の本心　守護霊メッセージ』参照）。

このような書物を、殿下もご覧になったのではないかと思いますが、こういうものをお読みになられて、何か感じるところ、考えるところがございましたら、お教えいただきたいと思います。

皇太子守護霊　うーん……、うーん……。まあ、立場上、日本に数多くある宗教

のうち、特定の宗教に皇室が肩入《かたい》れすることはできないので、必ずしも、あなたがたが希望するような答えを、私が言質《げんち》として与《あた》えるわけにはまいりません。

まことに申し訳なく思いますが、あなたがたが、信教の自由の範囲《はんい》内で、社会的に多くの人々の公共の福祉《ふくし》に反しない限りで、自由に活躍されていることに関しましては、「よく頑張《がんば》っておられるなあ」とは考えております。

ただ、私の立場から言って、日本に十八万もあるという宗教のうち、「この宗教は好きで、この宗教は嫌《きら》いだ」というようなことを述べることはできないのです。

したがって、他の多くの人々に迷惑《めいわく》をかけない範囲内で、いろいろな考え方や教義を、各宗教で自由に広げていっていただいて構わないのではないかとは思っております。

幸福の科学につきましては、「今、非常に勢いのある宗教団体である」ということは存じ上げておりますし、新聞等に非常に大きく広告が載《の》っていることも、すごいことだと考えております。

その反面、週刊誌等で、いろいろと叩《たた》かれたりもしていらっしゃって、ご苦労されている様子も、拝見申し上げております。

ただ、大川隆法総裁が、勇気を持って国論を導こうとなされていることに対しては、一定の敬意は表しております。

「本来は、皇室、あるいは天皇陛下が、内閣総理大臣に対して言わなければならないような意見も、本当はあったのかな」と思うこともございます。

「歴史上の天皇であれば、おそらく、時の将軍等にも、いろいろと意見を言ったことがあるのではないか」と、想像の段階ですけども、思うことはございます。

まあ、内閣総理大臣といえども、何らかの導きを欲《ほっ》していることもあろうかと思います。

私どもが、十分な仕事ができていないのであるならば、国民のみなさまがたの支持を得られる範囲内で、内閣等にも、よき助言をなされるのは喜ばしいことであると考えております。

本地川　ありがとうございます。

ここ二千年、日本に生まれ続けている

金澤　今、お話しくださっているのは、皇太子殿下の守護霊様でいらっしゃいますので……。

皇太子守護霊　はい。

金澤　あなた様が地上にいらっしゃったときのお名前をお訊《き》きしてもよろしいでしょうか。

皇太子守護霊　うーん……、うーん……。こういう答えは、特定の宗教に非常に入り込むことになりますので、あまり好ましい質問、および答えではありません。「幸福の科学の教義のなかに入り込む」ということになってしまいますので、うーん、ちょっと……。結論的に、皇室が幸福の科学を応援《おうえん》しているように見えることは、あまりよろしくないのです。

転生輪廻《てんしょうりんね》等を信じていない方も数多くいらっしゃいますし、キリスト教などでも（転生輪廻を）否定している方がいらっしゃいますし、無神論の方も国民にはたくさんいます。

そうした、いろいろな考えを持っている人たちをまとめなければいけないのが皇室であるので、そのために、自制して意見を言わないようにしているのです。
私が何者であるかということは、あまり申し上げたくはございませんけれども、「過去にも、皇室には縁《ゆかり》のあった者である」ということは、あえて申し上げておきたいと思います。

金澤　皇室というのは、日本神道系の神々の系譜《けいふ》でもあると思いますが、「日本神道系の神様として、皇室をずっとお守りしてこられたご存在である」と考えてよろしいでしょうか。

皇太子守護霊　まあ、少なくとも、ここ二千年余りは、日本に生まれ続けていると思います。

金澤　ありがとうございます。

本地川　本日は、さまざまな角度から、ご質問をさせていただき、いろいろとお答えいただきました。答えにくい面もおありだったかと思いますが、本当にありがとうございました。心より感謝申し上げます。

皇太子守護霊　はい。

10 「皇太子殿下《でんか》の守護霊霊言《れいげん》」を終えて

大川隆法　本当に制約が多いようで、なかなか、つらい仕事ではありますね。これは確かに、雅子《まさこ》さまにとって、嫁入《よめい》り先としては厳しい環境《かんきょう》だったかもしれません。

「言いたいことが言えない」というのは、一部にある独裁国家のような感じです。「言論の自由がない所が、日本のなかにもある」ということですね。意外にも、上のほうにあるわけです。

小林　最後のほうで、少し、本音らしきことを語ってくださったとは思います。

大川隆法　「庶民《しょみん》には言論の自由があって、上にはない」というのも、一つなのかもしれません。「庶民が上を批判する」というのは、学者などが考えている民主主義なのかもしれませんけれどもね。

「権力のある者が悪いことをするのであって、庶民は見張られる必要はない。庶民は主権者であり、上を見張るのが仕事である」という考えであれば、そういうことになるでしょう。

上のほうの言論の自由を守り、下のほうの言論の自由を奪《うば》い去ったら、国民が〝奴隷化《どれいか》〟していくわけなので、「そのへんの締《し》めに耐《た》えられるかどうか」というのは難しいことなのでしょうね。

小林　ただ、皇室に圧倒《あっとう》的に権威《けんい》があった時代は、それでも十分に行けたと思うのですが、現下の、この環境においては、もう少し戦わないと……。

大川隆法　しかし、皇太子ご夫妻《ふさい》の結婚《けっこん》前には、いろいろと、週刊誌の被害《ひがい》はそうとうありましたからね。例えば、お相手として名前が挙がると、すぐ「婚約した」と書かれて、みな、バーッと逃《に》げていったりしたので、何というか、デートができない状態がありました。

だから、結婚されたときには、雅子妃《ひ》に対して、「本当に、よく結婚してくださった」というような感じの感謝があったのではないでしょうか。いったんは結婚を断られていますからね。雅子妃が大学を卒業して外務省へ入られたあとに、断られています。そこを粘《ねば》って結婚されたので、そのへんのオブリゲーション（責任）のようなものがあるのかなと思います。

そのため、「雅子妃を幸福にできないことについての自責の念をお持ちなのではないか」という感じはします。

第2章

山《やま》折《おり》哲《てつ》雄《お》氏の守《しゅ》護《ご》霊《れい》霊《れい》言《げん》

二〇一三年四月十二日　収録

東京都・幸福の科学総合本部にて

山折哲雄《やまおりてつお》（一九三一～）

宗教学者、評論家。国際日本文化研究センター名誉《めいよ》教授、国立歴史民俗《みんぞく》博物館名誉教授、総合研究大学院大学名誉教授。アメリカのサンフランシスコ生まれ。東北大学文学部卒業。春秋社《しゅんじゅう》の編集部勤務ののち、駒澤《こまざわ》大学文学部や東北大学文学部の助教授を経て、国立歴史民俗博物館教授に就任、その後《ご》、白鳳《はくほう》女子短期大学学長や国際日本文化研究センター所長等を歴任した。

1　山折氏の守護霊《しゅごれい》に「退位論」の真意を訊《き》く

「オウム事件」で心に傷を負った宗教学者・山折哲雄氏

大川隆法　もしかしたら、収録の順序が逆になったのかもしれませんが、皇太子さま（守護霊《しゅごれい》）の意見をお聴《き》きしたので、山折さん（守護霊）の意見も聴いてみたいと思います。まだ時間はあるようです。

この人は民間人なので、自由に発言していただけるでしょう。

本音で退位を勧《すす》めているのか。あるいは、新潮社の意向で、皇室をかき回しているだけなのか。このへんを見極《みきわ》めなければいけないと考えています。

山折さんに関しては少し心配な面もあります。非常に温厚であり、宗教全体について肯定的《こうてい》なものの見方をする方《かた》でもあったのですが、オウム事件を境にして、以前とは変わってきたのです。あの事件は、宗教学者にとって、やはり、厳しいものだったのでしょう。

山折さんは、オウムの教祖の麻原《あさはら》と対談し、オウムについて肯定的なことを述べ、それを雑誌に載《の》せてしまいました（『別冊太陽』一九九二年春号にて）。それが、言質《げんち》を取られたかたちで残ってしまったため、オウム事件以降、宗教学者バッシングがかなり起きたなかで、心に傷を負った部分がかなりあるのではないでしょうか。

山折氏は、幸福の科学に、明るく肯定的《こうてい》な提言をしてくれた

大川隆法　私自身は、山折さんに対し、悪い感情を持ってはいません。

以前、この人の守護霊と話をしたこともあるのですが、彼の守護霊は、いつも

ポジティブで、明るい考え方を持っているような方でした。

一九九二年ごろでしたか、当会は、広告代理店を通して、「宗教学者たちは、幸福の科学について、どう考えているか」ということを調査しました。

そのときの山折さんの答えは、「今は、アメーバ的に、新しい教義をどんどん説いていけばよい。以前に説いたことと矛盾《むじゅん》していても構わないから、新しいことを次々と説いていくべきだ。それを整理し、教義を体系化するのは二代目以降の仕事だから、気にしないで、思いついたことや新しいことに、どんどん挑戦《ちょうせん》していくとよい」というような、非常に明るく肯定《こうてい》的なものだったので、ほっとしたことを私は覚えています。

確かに、私は、いろいろな教えを説くので、自分自身、「これで、宗教として、まとまりがつくのだろうか」と少し心配もしていたのですが、山折さんは、「構わない。どんどん、新しいことを説き、それの整理は、あとの人たちに任せなさい」というようなことを言ってくださいました。

山折さんは知らないでしょうが、私は、そういう情報を得ていたのです。

この調査の何年かあとですが、山折さんの守護霊に相談をしたこともあります。そのとき、彼の守護霊からは、「へえー、大川さんにも悩《なや》み事なんてあるんですか。いや、驚《おどろ》きました」という感じのことを言われました。

「当会は、宗教として、どうすべきなのか」ということを相談したのですが、「私なんかに相談しても、しかたがないんじゃないですか。それは、ご自分で決めなくては」という、まことに不思議な、あっけらかんとした回答を頂いたのです。また、「幸福の科学は、全部、成功しているように見えるんですけど」とも言っておられました。

私は、山折さんに対し、別に悪い印象は持っていないのです。

オウムの宣伝に利用された面もあった山折氏

大川隆法　ただ、オウム事件以降、宗教学者たちは、ある意味で、非常に苦しい時代を生きてきたため、山折さんには、もしかしたら、何か、変節した部分や屈《くっ》折《せつ》した部分がおありなのかもしれません。

オウムが話題になっていたとき、山折さんは、麻原に対して、空海《くうかい》や大本《おおもと》の出《で》口《ぐち》王《お》仁《に》三《さぶ》郎《ろう》的な存在であるかのような持ち上げ方を少ししていました。

もっとも、「空中浮揚《ふよう》と言ってはいるが、この写真で見ると、その際、ずいぶん苦しそうな顔をしているね。なぜ、こんなに苦しそうな顔をしているんだい?」と言って、しっかり突《つ》っ込《こ》んではいたのですが、彼には、オウムの宣伝に利用された面もあったかと思います。

このあたりが、もしかしたら、山折さんの今回の皇室批判にも影響《えいきょう》しているかもしれません。

また、場合によっては、当会の霊言集《れいげんしゅう》を読み、雅子《まさこ》さま（守護霊）が、「皇居には、日本神道《しんとう》の結界が張り巡《めぐ》らされており、自由に動けない」と語っているのをまともに捉《とら》え、「神道系の魂《たましい》でないのなら、皇室にいるのはつらいのではないか」と善意で考えて、このように言っておられる可能性も、ないわけではありません。

そうすると、当会にも少し関係があるので、このへんについても訊《き》いてみたいと思っています。

（合掌《がっしょう》し、瞑目《めいもく》する）

では、皇太子さまに続き、皇太子さまに引退勧告《かんこく》をなされた宗教学者・山折哲雄さんに、その真意を伺《うかが》いたいと思います。

山折哲雄さんの守護霊よ。

どうか、幸福の科学総合本部に降りたまいて、われらに、その真意を語りたまえ。

山折哲雄さんの守護霊よ。

どうか、幸福の科学に降りたまいて、その真意をお聴かせください。お願い申し上げます。

（約五秒間の沈黙《ちんもく》）

2　皇太子殿下《でんか》に「ご退位」を勧《すす》めた理由

国体の行方《ゆくえ》が心配なので、「自爆覚悟《じばくかくご》で意見を申し上げた」

山折哲雄守護霊　ああ、ああ。

小林　こんにちは。

山折哲雄守護霊　ああ、山折です。

小林　本日は、幸福の科学総合本部にお越《こ》しくださり、ありがとうございます。

山折哲雄守護霊　「皇太子さまのあとに私」っていうのは、ちょっとね。これは公開裁判ですか？　ハッハッハッハッハッハッ。

小林　いえいえ。

時間がそれほどありませんので、さっそく本題に入らせていただきますが、先々月、月刊「新潮《しんちょう》45」に……。

山折哲雄守護霊　（雑誌の実物を見て）これですね。ええ、ええ。

小林　それに、「皇太子殿下《でんか》、ご退位なさいませ」という論文を書かれたのは……。

山折哲雄守護霊　いや、その題をつけたのは私ではないんですけどねえ。

小林　ただ、論文の最後のほうのパラグラフ（段落）にある言葉から取ったタイトルだと思います。

それで、率直《そっちょく》にお訊《き》きしますが、あの論文の内容は、ご本心なのでしょうか。

山折哲雄守護霊　うーん。まあ、私も年を取ったので、今はイスラム教徒の〝人間爆弾《ばくだん》〟のようになってしまっているのかもしれないけど、問題提起をしたかった部分と、ご批判を受けることは承知の上で、「ご批判を受けても構わない」と思って言った部分と、両方ございます。

秋篠宮《あきしののみや》ご夫妻《ふさい》が非常にうまくいっているではないですか。ご夫妻には男のお子さま（悠仁親王《ひさひとしんのう》）までお生まれになっています。天皇陛下は、最近、ご病気もなさいましたし、大震災《だいしんさい》もあって、そうとう心労なされ、ご苦労をされています。この状況《じょうきょう》を見れば、「秋篠宮さまと紀子《きこ》さまのご夫妻が跡継《あとつ》ぎとして動かれたほうが、全部、すっきりするのではないか」という気がするわけです。

まあ、今、いろいろと異論もございますが、「今の皇太子さまが天皇になられ、雅子《まさこ》さまが今のまま粘《ねば》られて皇后になられ、そして、『やや自閉症《じへいしょう》の疑いがある』と言われている愛子《あいこ》さまが、女性だけれども天皇になる」ということになりますと、やはり、国体の行方《ゆくえ》が心配ですよね。

皇室に対し、あまりにも気兼《きが》ねをしすぎて、誰《だれ》も何も言わず、もし、そういうことになるのであれば、残念なことですし、「日本の国は、この先、どうなるのか」ということを考えますと、「年を取った私なんかが、自爆覚悟《かくご》で、ちょっと意見を申し上げてもいいのかな」と思ったんですがね。

皇室の価値観が崩壊《ほうかい》しないよう、雅子妃《まさこひ》は〝封印《ふういん》〟されている？

小林　ただ、その影響《えいきょう》はかなり大きく、「激震が走った」と思います。

山折哲雄守護霊　ええ。そうです。

小林　そこで、そういう問題提起をなされた根拠《こんきょ》を、お尋《たず》ねしたいと思います。山折先生は、日本古来のアニミズム（精霊崇拝《すうはい》）的なものを、研究の中心にしておられます。

山折哲雄守護霊　そうです。

小林　もしかしたら、先ほど、皇太子殿下の守護霊の霊言《れいげん》を聴《き》かれていたのではないかと思うのですが……。

山折哲雄守護霊　ええ。聴いていました。

小林　山折先生は、日本神道《しんとう》のなかでも、いわゆるアニミズム的なところと、「神降ろし」の儀式《ぎしき》等に伴《ともな》う皇室の御神事《ごしんじ》の大変さのところと、その両者の区別をつけた上で、この論文を書かれたのでしょうか。そういうものをトータルで見て判断し、また、天皇制に関する全体像を把握《はあく》した上で、あれを書かれたのでしょうか。

その点に関して、「疑問なし」とは言えないように思うのですが、いかがでしょうか。

山折哲雄守護霊　うーん。雅子《まさこ》さまのお父様は小和田恆《おわだひさし》さんですか？　国際法学者で、国際司法裁判所の裁判官もなされている方であり、外務次官もなされて、この世的には偉《えら》い方ではありましょうけれども、まあ、はっきり言って、無神論者《じゃ》じゃないかと思うんですよ。

あの方は外国に駐在《ちゅうざい》され、ソ連にもいたし、アメリカにもいたと思いますが、日本の国体に対しては、やはり、「ヒトラーのナチズムや、イタリアのムッソリーニのファシズムと、大して変わらない」という、丸山眞男《まるやままさお》的な見解に、わりに近いんじゃないかと思うんですね。

つまり、「そういう考えを持った人物に教育された方を、お妃《きさき》として皇室に入れたことで、皇室の伝統的な価値観が崩壊《ほうかい》する可能性があるのではないか」と私は思っています。そして、「それが崩壊しないようにするため、雅子さまは、今、自由な言論ができないように、実は周囲から〝封印《ふういん》〟されているのではないか」と私は理解しているのです。

「天皇制はオウム的なもの」という見方は正しいのか

小林　ただ、あの論文が出たあと、世間《せけん》の論調は、明らかに、左翼《さよく》勢力や唯物論《ゆいぶつろん》者を利する方向に行っています。宗教を「学」の対象とされた山折先生が、なぜ、結果的に世論《よろん》を唯物論的な方向へ導くようなものを書かれたのでしょうか。

山折哲雄守護霊　それは、先ほど大川総裁からご指摘《してき》があったように、オウム事件の影響かもしれませんが、基本的には、「すべての宗教を肯定《こうてい》的に見るのが、アニミズム的な考え方だ」と私は思うんですよ。つまり、すべてのものを「よし」と見るわけです。

日本の宗教には、伝統的に、日本神道においても、仏教においても、どちらかというと、性善説的な傾向《けいこう》が強く流れていて、善悪をあまり言わないところが多いんですね。

私は、基本的に、「西洋にある、『悪を一生懸命《いっしょうけんめい》にいじめるタイプの宗教』ではないものが、日本では主流だ」と考えていたんです。まあ、「怨霊鎮《おんりょうしず》め」等はありますけどもね。

オウムを見たとき、その修行《しゅぎょう》形態や教義の持っていきどころには、きちんと伝統的なものに則《のっと》っている面がありましたし、彼らには、いちおう、チベット密教の修法《しゅうほう》の仕方や経典《きょうてん》等を研究している面もありました。

そのオウムが犯罪テロ集団として扱《あつか》われたため、私のなかには、「社会に対する不信感」のようなものが、ないわけではありません。

すべてを肯定する、アニミズム的な世界観は、要するに、日本の伝統的世界観ですし、その頂点にあるのが天皇制なので、「では、これ（天皇制）は、いったい、どうなるんだ？」という思いが去来したことは事実ではありますね。

小林　ただ、結論は、正反対のほうへ、かなり振《ふ》れたように思います。

山折哲雄守護霊　うーん。まあ、ある意味では、逆に、「天皇制は、ファシズム的なもの、あるいはオウム的なものだ」という、丸山眞男的な結論につながることになってしまいますけどもね。

3 「新潮社《しんちょう》の意向」が背景にあるのか

山折論文には「新潮社《しんちょう》の願い」が強く入っていた

小林　いわゆる自然宗教的な部分も含《ふく》め、日本神道《しんとう》には、いろいろな種類の宗教的要素があるので、「是々非々《ぜぜひひ》」の立場で、それぞれに判断していけばよいと思うのですが、それにしても、宗教学者が丸山眞男《まるやままさお》的な結論につながる発言をし、そういう社会的効果をもたらしたため、「かなり激震《げきしん》が走った」と感じています。

そこで、もう一度、お訊《き》きしますが、本当に、これがご本心なのでしょうか。

山折哲雄守護霊　まあ、これは難しい。まだ闘《たたか》ってるところなんですけどね。

オウム裁判で、被告《ひこく》たちは、ほとんど死刑じゃないですか。いつ執行《しっこう》されるのかは知りませんけれども、彼らが死刑になったら、私だけでなく、ほかの宗教学者もそうですが、本当は連座しなくてはならないと思うんですよ。

だから、はっきり言えば、日本の宗教学は終わりですよ。「(オウムの本質を)見抜《みぬ》けなかった」ということで、終わりなんですね。

結局、雅子《まさこ》さまが皇室に入られ、欧米《おうべい》型の宗教観で日本の宗教を裁けば、結論的には、(天皇制もオウムも)同じになるようなところが、あることはあるんです。

だから、それに対し、かすかに抵抗《ていこう》しているのかどうか、私は自分でもよく分からないんですね。

ただ、「宗教学者に分からなくて、大川さんにだけ善悪が分かる」というのは、ちょっと困るんですけどねえ。

小林　「善悪についての最終的なジャッジメント（判定）が分からない」ということになりますと……。

山折哲雄守護霊　いや、これ（山折論文）には新潮《しんちょう》社の意向も入っているんです。「幸福の科学を邪教《じゃきょう》にしてほしい」という、新潮社の願いが強く入っております。だから、「幸福の科学の言うこととは反対のほうに、結論を持っていかなきゃいけない」という、ねじ曲げが入っているんですね。

小林　ああ。つまり、企画《きかく》段階で、そういう意図があったわけでしょうか。

山折哲雄守護霊　結論は、もう先にできていたのでね。

「善悪を分かつ基準が分からない」と嘆《なげ》く山折守護霊

山折哲雄守護霊　だから、（皇室を）攻撃《こうげき》しようとして、私が利用されたのは事実ではあるけれども、オウム事件の余波もありますし、私には、「オウムの被告たちがみな死刑なら、宗教学者も死刑だな」という思いも、あることはあるので、「まあ、世の中から葬《ほうむ》られるなら、葬られてもいいかなあ」という気持ちが……。

小林　いや、山折先生が、そこまでニヒリズムに走り、皇太子殿下《でんか》にまで被害が及《およ》んでしまうのは、お門違《かどちが》いではないでしょうか。

山折哲雄守護霊　だからねえ、私には、どうしても分からんのよ、「悪人正機説《あくにんしょうきせつ》」が。オウムが間違っているのなら、親鸞《しんらん》の「悪人正機説」だって間違っているはずなんですよ。

「悪人ほど、仏は救われる」と言うんでしょう?　「重罪人ほど、仏は救いに行く」という思想が、信者数を「一千二百万人」と公称《こうしょう》する浄土真宗《じょうどしんしゅう》において広がっている。この浄土真宗には一万以上のお寺があるはずです。

もし、この悪人正機説が間違っているのであれば、日本の仏教は、そうとうなダメージを受けるんですよ。

オウムだけなら、まだいいんです。だけど、次に、「浄土真宗は間違っている」「親鸞も法然《ほうねん》も間違っている」ということになりますよね。あなたがたは最澄《さいちょう》の間違いも指摘《してき》していますが(『不成仏《ふじょうぶつ》の原理』〔幸福の科学出版刊〕参照)、こうなると、日本の仏教史の流れのなかに、そうとう大きく極端《きょくたん》なダメージが出てくる可能性がある。

だから、われわれとしては、「善悪不二《ふに》」(本来、「善も悪も別のものではない」

という仏教語。『公開霊言 親鸞よ、「悪人こそ救われる」は本当か』『不成仏の原理』（幸福の科学出版刊）参照）にしておいたほうがいいんですね。

小林　今までにおっしゃられたことを敷衍《ふえん》しますと、結局、「オウム事件で〝やけど〟をした」ということでしょうか。

山折哲雄守護霊　〝やけど〟をしました。

小林　つまり、「〝やけど〟をしたので、この際、浄土真宗や親鸞、法然を道連れにし、場合によっては、天皇制も道連れにしたい」という考えなのでしょうか。客観的には、そのように見えるのですが。

山折哲雄守護霊　だからね、もう、宗教学者は〝発狂《はっきょう》〟しているんですね。はっきり言えば、〝発狂〟していて、（善悪の基準等が）分からないんですよ。

もう、まったく権威《けんい》も何もないので、大学から報酬《ほうしゅう》をもらったりするのはおかしい状態なんです。

なぜ、浄土真宗の悪人正機説はよくて、麻原《あさはら》以下は駄目《だめ》なのか。それが分からない。イエスだって、罪人として処刑されたにもかかわらず、その後、復活して、キリスト教は世界宗教になっていった。だけど、当時であれば、イエスも麻原のように見えたに違いないでしょう。だから、「善悪を分かつ基準は、いったい何なのか」ということが分からないんですよ！

アニミズムから見たら、それが、特に分からないんです。

山折守護霊は、裏では天皇制に疑問を感じている

小林　それが分からないのであれば、あそこまでのコメントと断定は、やりすぎだったのではないでしょうか。あるいは、新潮社のほうから依頼《いらい》があったのでしょうか。

山折哲雄守護霊　結局、この裏には、実は、「天皇制は正しいのか」という疑問があるわけですよ。

小林　ええ。あの論文を読む人は、みな、そう考えるわけですよね。ですから、「宗教学者が、これを本気で問うているのか」という驚《おどろ》きがあるため、冒頭《ぼうとう》で、「あれは本心なのですか」とお訊きしたのです。

山折哲雄守護霊　あの論文では、皇室の宗教的な機能について触《ふ》れているわけではなく、いちおう、「皇太子さまが退位されて、秋篠宮《あきしののみや》さまご夫妻《ふさい》が立たれたほうが、国事にかかわることは円滑《えんかつ》に回る」という論理になってはいるんですけどね。

小林　明治天皇は、ある総理大臣から、「私は辞任します」と言われたとき、「君はいいなあ、辞任できるから。私は退位できないんだよ。それが天皇の責任だ」とおっしゃったそうです。そういう有名なエピソードがあるのですが、皇室には、基本的に、そういうところがあるのです。

山折哲雄守護霊　いや、でも、この前、ローマ法王は退位したじゃないか。スキャンダルが出てきたら、六百年ぶりに退位しちゃったよね。世間《せけん》の流れに勝てないんでしょう?

小林　だから、勝手に退位したことについて「バチカンは無責任」とかなり批判を受けています。

山折哲雄守護霊　スキャンダルを受けて、ローマ法王が退位するのであれば、天皇に関して、「何か問題が出てきたら、失脚《しっきゃく》する」という制度があっても、おかしくはない。

小林　天皇が政治上の統治者であれば、それもありうるとは思うのですが、天皇と西洋の国王との違いは、「天皇は、日本神道《しんとう》における、最高の神官、最高の神《かん》主《ぬし》である」ということです。つまり、統治者たる政治上の王だけであるならともかく、宗教家である皇族に対して、「退位せよ」と要求するのは、神の領域を侵《おか》すことになるので、少し度が過ぎているのではないでしょうか。

山折哲雄守護霊　いやあ、彼らは、「皇族は宗教家」という定義を公式に認めるわけにはいきませんよ。「皇室というか、天皇は飾《かざ》りで、実質上は将軍が権力を持っていた」といっても、実際に天皇は統治機関の一部であるわけです。

確か、吉宗《よしむね》の子供のなかには、知的障害のある人がいたと思うんですけど、それでも、その人が将軍になりましたよね。(跡継《あとつ》ぎの問題は)将軍家でも起きているこことなので、まあ、考え方次第《しだい》ではあろうとは思いますけどねえ。

日本の宗教に「疑い」を持っている山折守護霊

小林　いろいろなことをおっしゃっていますが、要は、ご自身として、「本当に主張したい」という思いで、あれを書かれたのですか。

山折哲雄守護霊　いや、分からないんですよ。だからね、本当に「悪人正機説」のところが分からないので、教えてくださいよ。あの教えは、いったい何なんですか。

小林　「悪人正機説が分からない」ということと、「皇太子は退位しなければならない」ということの間には、ものすごいワープ（飛躍《ひやく》）があるのですが……。

山折哲雄守護霊　「悪人正機説」が流行《はや》った理由は何かというと、要するに、「善悪を判断しない」という姿勢や、「悪のほうが、むしろ宗教的だ」という見方につながるからですよ。「ということは、日本の宗教は、もしかしたら、悪魔《あくま》が指導しているんじゃないか」という疑いを、とうとう、私は持ち始めたんですよ。

小林　今の一言《ひとこと》は、率直《そっちょく》に申し上げて、やや聞き捨てならないものです。悪人正機説については、「許しの原理を内包しているのだ」とも言えるのですが、ここは宗教の法論《ほうろん》の場ではないので、これ以上、突《つ》っ込《こ》んで述べないことにします。

新潮社《しんちょうしゃ》は、幸福の科学が怖《こわ》いから、皇室を攻撃《こうげき》している？

小林　繰《く》り返しますが、この論文は、本当に、山折さん本人の意識で書かれたものですか。

山折哲雄守護霊　いやあ、そりゃあねえ、まあ……。

小林　守護霊であるあなたは別として、何か、ほかからの霊的指導か影響《えいきょう》を受けていませんか。

山折哲雄守護霊　うん。そりゃあ、新潮社の全従業員の願いを受けて、書いているもんですから。

つまり、（幸福の科学が）新潮《しんちょう》社の社長の守護霊を呼んで、批判したから（『人間失格―新潮社　佐藤隆信《さとうたかのぶ》社長・破滅《はめつ》への暴走』〔幸福の科学出版刊〕参照）、ここにも、その反作用が来ているけども、幸福の科学が怖《こわ》いから、皇室を攻撃《こうげき》しているんじゃないの。最近は、幸福の科学を攻撃するより、皇室を攻撃するほうが、楽になってきたんですよ。あっちは、ほとんど反論しないからね。

小林　端的に申し上げると、事実上、新潮社に……。

山折哲雄守護霊　彼らは、食べていくために、しかたなく、やっているんですよ。

小林　あなたの名前と体を貸してあげたわけですか。

山折哲雄守護霊　ええ。だから、「大川きょう子問題」が消えたから、「雅子妃《ひ》問題」をぶり返さないと、もう食っていけない。だから、彼らは、皇室攻撃をやっているんでしょう？　その程度のことは、私だって知っていますよ。知っていますけど、宗教学者にお呼びがかかることは、めったにないんですよ。

小林　そうですよね。

山折哲雄守護霊　〝お座敷《ざしき》〟がかかることはめったにないから、〝お座敷〟がかかったら、迷わず出向いていき、何かを言う。これが（宗教学者の）仕事なんですよ。

小林　依頼主の意向に応じて、論文を書いたわけですか。

山折哲雄守護霊　（依頼主の意向と）反対のことは言えませんわね。

小林　要するに、山折さんには新潮社と同通するものがあったわけですね。

4　価値判断できないことへの自責の念

分析《ぶんせき》対象にできないほど成長した宗教への困惑《こんわく》

山折哲雄守護霊　私は、オウム事件のときに受けたダメージから立ち直っていないんですよ。

だから、島田裕巳《しまだひろみ》君（オウム擁護《ようご》で社会的非難を浴びた宗教学者）みたいな人間はねえ……。まあ、よくぞ、あんな人間が世の中に存在できますわねえ。あの面《つら》の皮の厚さは、〝人間国宝〟級だと思いますよ。彼を〝人間国宝〟にすべきですよ。ええ。信じられません。

小林　もう覚えていらっしゃらないかもしれませんが、私は、以前に一度、山折先生と京都で対談をしています。当時から、ご尊敬申し上げておりました。

山折哲雄守護霊　ありがとう。

小林　宗教に対して批判的なことを言う人が多いなかで、山折先生は、寛容《かんよう》なスタンスを取り……。

山折哲雄守護霊　うん。そうそう。

小林　それから、ある種、的確なコメントをし……。

山折哲雄守護霊　うん。

小林　さらに、私が月刊「ザ・リバティ」（幸福の科学出版刊）の編集長をしていたときにも、間接的に、「なかなか的確なコメントをされる方だ」と漏《も》れ伺《うかが》っていたこともあり、尊敬しておりました。

そして、日本の宗教に対しては、「細かなところではいろいろとあろうけれども、トータルとしては肯定《こうてい》していく」という立場に立っておられる、非常に立派な学者であると理解していました。

しかし、実際に、「新潮《しんちょう》社から〝お座敷《ざしき》〟がかかり、それを受けた」ということは、これまでのスタンスとは正反対ではないでしょうか。

山折哲雄守護霊　まあ、そんな小さな問題だけではないんだけれども、宗教学者というのは、自分たちよりも、宗教あるいは宗教家が目下《めした》に見えるうちは、それを応援《おうえん》することもあるんですが、自分たちの分析《ぶんせき》対象にできないほど成長してしまった場合には、本当に困るんですよ。

小林　ただ、その場合には、批判したりする特定の立場ではなく、慎重《しんちょう》なスタンスを取るべきではないでしょうか。

例えば、東大の島薗進《しまぞのすすむ》教授（前・東京大学大学院教授）にしても、そういう立場を取られましたよね。そこには、ある種の慎重さが求められますし、特に皇室のことになりますと、この国の根幹にかかわりますので……。

山折哲雄守護霊　うーん……。

幸福の科学の「制度上の懸念《けねん》」を指摘《してき》した島薗進《しまぞのすすむ》守護霊

山折哲雄守護霊　先ほど、大川総裁が、「（山折）守護霊を呼んで訊《き》いたことがある」とおっしゃったけど、それは、（幸福の科学の）総本山をつくっておられたころのことだと思うんですよ。その当時に相談を受けた覚えがあります。

私が呼ばれて、「ええ!?　大川総裁でも悩《なや》むようなことがあるんですか。何でも全部できるように見えるんですけどね」と答えて、びっくりしてみせたりしたのですが、あのときには、島薗《しまぞの》さんの守護霊も、やはり呼ばれていました。

この方（大川隆法）は、人が悪くて、いろいろな宗教学者を比較《ひかく》する癖《くせ》がおありなので、その実力を調べているんですよ。島薗さんの守護霊として、徳一《とくいっ》（注。奈良《なら》時代から平安初期の法相宗僧侶《ほっそうしゅうそうりょ》。最澄《さいちょう》と論争をしたことで知られている。『悟《さと》りの挑戦《ちょうせん》（下巻）』〔幸福の科学出版刊〕参照）という人が呼ばれているんです。

そのとき、島薗さんの守護霊は、「幸福の科学に『総裁』と『アフロディーテ会会長』（かつて教団に存在した女性部組織の長を指す）という制度をつくって、本当に大丈夫《だいじょうぶ》ですか。これ、教団が割れませんか」と言っていました。

小林　ええ。

山折哲雄守護霊　「これは危ない。非常に危ない制度です」というようなことをおっしゃっていたのを覚えているので、ああいうふうに、悪いことを考えるのも知恵《ちえ》なんですかねえ。実際、その後《ご》、そういう問題が起きてきましたからね。

（同様の制度のある）生長の家では問題が起きないのですが、幸福の科学では起きた。生長の家では、善悪を判断しないから、総裁の奥《おく》さんが「白鳩会《しろはとかい》総裁」

でも問題は起きないので、「総裁」が二人いても構わないんですよね。

幸福の科学で問題が起きたのは、たぶん、ここが、智慧《ちえ》の立場で「善悪」を判断するからでしょうね。

価値判断できない日本の宗教学界への問題提起

小林　話は元に戻《もど》りますが、ストレートに表現させていただきますと、ご自分のなかで、オウム事件の時代に受けた痛手がまだ消化し切れていない、〝成仏《じょうぶつ》〟できていない分の、いわば埋《う》め合わせとして、このような記事を書かれたとのことですが、その結果、社会的な影響《えいきょう》が出てしまいました。

確かに、新潮社に利用されたところもあるでしょうが、「利用が可能だった」ということは、要するに、その意見や考え方に同通する部分があったからではないでしょうか。

そういうことになりますと、これまでに挙げてこられた、山折先生の素晴《すば》らしい業績、特に一九九〇年代前半までの業績を、かなり危《あや》ういものにしてしまうのではないかと、私は危惧《きぐ》しているのですが。

山折哲雄守護霊　いや、君ねえ、物事をそんなに小さく考えなくてもいいと思うのよ。私は、もう年だからねえ、怖《こわ》いものはないのよ。失うものは、もう、そんなにないので、私は別に消えたって構わないんです。

小林　いや、今、私は、山折先生がお亡《な》くなりになったあとのことを危惧しているのです。

山折哲雄守護霊　だけどねえ、オウム問題を、あのように慎重に捉《とら》えたし、それが、次の親鸞《しんらん》の問題になったし……。まあ、先に吉本隆明《よしもとたかあき》が亡くなったようだけども、親鸞の捉え方については、問題が非常に数多くあって、日本での〝ミステリー〟なんですよ。あの親鸞という宗教家の位置づけはね。あれが肯定されるのなら、いったい、どこまで遡《さかのぼ》って、宗教として肯定されるのか。

天皇制の問題は、今、その最後のところに来ているわけですけれども、ここのところに象徴《しょうちょう》的に表れてくるもののなかに、日本の宗教全部を遡って見直す契機《けいき》があるんじゃないかと思うんですよ。

これは、単純な、ミーハー的な、週刊誌的な意見のように見えるかもしれないけど、私はねえ、実は、「日本の宗教のあり方」、および、「宗教学界のあり方」全部に問題提起をしているんですよ。

これは、価値判断ができないわれわれの自責の念を、今、吐露《とろ》して見せているわけで、「価値判断をしたら、例えば、こういうことが出てくる。これに対して、宗教学者は耐《た》えられるかどうか」というのを、今、実験として、やってみている。

どのくらいのバッシングが返ってくるだろう？　いや、「バッシングは来る」と思っていましたよ。だから、どの程度のバッシングが返ってきて、それに宗教学者は耐えられるのか。私は、宗教学者のなかでも、大家《たいか》の一人と言われてはいるけれども、はたして耐えられるのかどうか。まあ、自分自身を試《ため》すつもりで、やっているんですよ。

今回の皇太子殿下《でんか》への意見寄稿《きこう》は〝自爆《じばく》テロ〟

山折哲雄守護霊　私は、場合によっては〝首吊《くびつ》り〟だと思っていますよ。下手をしたら、これは、最後には首を吊らなくてはいけないと思っていますよ。そうだろうと思いますけどね。
以前、「小沢《おざわ》君、水沢に帰りたまえ」なんていう内容の文章を書いて、そのあと、自殺した評論家もいましたからね。自分としては、「そのようになるかなあ」と思うこともあります。

だけど、いちおう、「もし宗教学者が価値判断をしたら、どうなるのか」ということを問題提起しているんです。大きな勢力を持っている宗教はたくさんあるし、天皇制というのは、要するに、ある意味で、日本全部を覆《おお》っている宗教ですから、「これに対して価値判断をしたときに、どうなるのか」という文明実験を、今、やっているんですよ。

小林　そうですか。

山折哲雄守護霊　〝自爆《じばく》テロ〟ですよ、はっきり言えば。

小林　「そもそも、宗教学者に、宗教の価値判断ができるのか」という大きな論点が、私どものほうにはありますので、確かに、われわれから見ますと、〝自爆テロ〟には見えます。

山折哲雄守護霊　〝自爆テロ〟です、はっきり言えば。

5　幸福の科学をどう見ているか

「宗教学者の物差し」では、もはや幸福の科学を測れない

山折哲雄守護霊　われわれも物差しを持っていますけれども、われわれの物差しでもってはですね……。

（会場の後方に上がったタイムキーパーの「終了《しゅうりょう》」のパネルを見て）

そんなもの、出すんじゃないよ！　失礼だろう！　あんた、それが分かんねえのか、宗教で。ええ？

あのー、ごめんなさい。ちょっと余計なことを言いましたけども……。何よ、言うことを忘れちゃうじゃないのよ！

要するに、われわれの持っている宗教学者としての物差しでもっては、幸福の科学を測れないんですよ。

あなたがたは、いろんなことを言いすぎる。ね？　政治や経済や外交や軍事や歴史、もう何でも言うじゃないですか。経営までね。こんなものが、宗教としての定義に入るのか、入らないのか、私たちは議論しても分からないんですよ。

小林　ですから、分からないことに関しては、「沈黙《ちんもく》を守る」という知的で謙虚《けんきょ》な態度が必要ではないでしょうか。

「オウムの本心を見抜《みぬ》いた霊能力《れいのうりょく》」への敬意

山折哲雄守護霊　そして、「チベット仏教の伝統的なやり方をちゃんと踏襲《とうしゅう》して、インドにもチベットにも行き、いちおう、その修行《しゅぎょう》形態もまねてやっていたオウムが、あれだけの殺人マシーンだった」ということに対する強迫《きょうはく》観念みたいなものがあって、本当に夜も眠《ねむ》れないですよ。「これは、いったい、どうなっているのか」と……。

小林　ですから、それは、彼らのケバケバしい身なりに騙《だま》されたからです。一方、大川隆法総裁は、すでに九〇年代の初めから、「仏教的教義とは裏腹に、オウムの本心は、どす黒いものである」ということを見抜《みぬ》いて、いろいろなところで発言されておりました。

山折哲雄守護霊　いや、それは……。

小林　「結局、その判断がなかった」ということに関しては、もう、しようがないと思いますので、それはそれで一つの反省をされて、次の段階に行かれればよいと思うのですが。

山折哲雄守護霊　まあ、それは、霊能力《れいのうりょく》で、「オウムが殺人をやっていた」という結論を知っていたからでしょう？　われわれには、その能力がないから、分からなかったですけどね。要するに、警察が有罪にできなかったものを、われわれに判断できるわけがないからねえ。

でも、大川総裁の場合は、拉致《らち》して、殺人しているのを霊的《れいてき》に知っていたからでしょう？　たぶんね。だって、殺された人が（霊として）来て、訴《うった》えるからねえ。

小林　ええ。「そういう霊的な洞察《どうさつ》のところが、宗教の本質でもある」ということは、山折先生にもお分かりだと思いますよ。

山折哲雄守護霊　うーん。

幸福の科学を基準にすると、新宗教の九割は〝悪霊宗教〟と判定？

山折哲雄守護霊　ただ、もう一つね。

小林　ええ。

山折哲雄守護霊　もう一つ、私が守ろうとしているのはね。幸福の科学が快進撃《かいしんげき》なされているのは結構だし、私は別に大川さんに嫉妬《しっと》するような年齢《ねんれい》でもないので、そういう気持ちは持っていませんけれども、「幸福の科学の基準で行くと、たぶん、日本の新宗教の九割は滅《ほろ》びる可能性がある」と思うんですよ。たぶん、〝悪霊《あくれい》宗教〟だと判定される。本当のことを言えば、そうだと思う。

あなたがたは、憲法試案をつくって、「信教の自由は守る。これを保障する」と言っているけど（前掲《ぜんけい》『新・日本国憲法 試案』参照）、あなたがたの勢力が広がれば、本当は、九割は死滅《しめつ》するはず、淘汰《とうた》されるはずですよ。たぶん、そう思っているはずだ。「そのへんのところについて、大川さんは実に巧妙《こうみょう》だ。〝政治家〟だ」と私は思うんですよ。「巧妙な〝政治家〟をやっている」と思う。

なので、このへんを、もうそろそろ問題提起しなきゃいけない。「週刊誌とかが嚙《か》みついているときに、そのへんについても、いちおう意見を提起しておくのは、去っていくべき老大家の仕事かな」とは思っているんですよ。

「幸福の科学の敵となって戦う」という考えまではない

小林　ということになりますと、私は今、対マスコミの広報の仕事をしておりますが……。

山折哲雄守護霊　ええ。

小林　今のご発言は、「次の〝ラウンド〟での〝ファイティング〟の相手になる」ということを宣言されているのに等しいのですけれども。

山折哲雄守護霊　いやあ、もう、死にますから。

小林　そういうことなんですか。

山折哲雄守護霊　もうすぐ死にますから、そんなに戦う必要はありません。消えます。まあ、「みんなの反撃が強すぎれば、私は首吊《くびつ》りしなきゃいけないことになる」とは思いますけどもね。

宗教学って、本当に、もう〝ホタル〟みたいな存在なんですよ。いつ消えるか分からないような存在が、たまたま八〇年代後半から九〇年代に盛り上がったんですよね。

それが、結末的に、オウム事件があって、でも、幸福の科学が頑張《がんば》って、また盛り上げようとしているけれども、皇室のところで、また、つまずきが出てこようとして、今、本当に揺《ゆ》らぎが出てきています。

皇室のほうも、その宗教性を一生懸命《いっしょうけんめい》に隠《かく》そうとしていますよね。雅子妃《まさこひ》の問題も、まさしく皇室の宗教性を理解していないところの問題だろうと思う。それは、「憲法学で教えている皇室のあり方に嘘《うそ》がある」というか、「日本の機関としての皇室のあり方について、宗教性を骨抜きにした教え方をしているところに、実は、本当の問題があったんだろう」と思うんですけどね。

「皇室の未来を祈《いの》っている幸福の科学」への不信感

小林　そうであれば、「そういう嘘を教えるな」と言うべきではないでしょうか。

山折哲雄守護霊　うん？

小林　要するに、法律学者ではないのですから、「天皇や皇室、日本神道《しんとう》というのは、これが本質なんだ」ということを国民に伝えてあげるのが、宗教学者としての使命ではないかと思うのですが、いかがでしょうか。

山折哲雄守護霊　あんたがたの使命だってさあ。

あのー、（本を手に取って）『皇室の未来を祈《いの》って――皇太子妃・雅子さまの守護霊インタビュー――』とか言って、嘘を書いただろう？　出版の社長？

小林　いえいえ。

山折哲雄守護霊　え？　あんたがただって、本心を語れないでしょう？　迫害を受けないように、表向きは、こういう題を付けて……。

小林　いえ、本心です。

山折哲雄守護霊　本心は違《ちが》うでしょう？

小林　記録が残りますから、申し上げますけれども、本心ですよ。

山折哲雄守護霊　本心ですか。

小林　当会のＰＲだと言われたら不本意なので、今、この場では、「大川家のお子様の過去世《かこぜ》が、どういう構成になっているか」とか、「それと、天皇家や日本神道の関係は、どうなっているか」ということについては触《ふ》れませんけれども、本心から、そう思って、そういう書名を付けているのです。

「政治的だ」とか、「巧妙にやっている」とか、そういうコメントは控《ひか》えていただきたいと思うのですが。

山折哲雄守護霊　「われらのほうが、本当の意味での国家宗教だ」と言っているんじゃないの？　本当は？

小林　いやいや。そういうことを申し上げているのではありません。

山折哲雄守護霊　あなたがたが言えないのなら、私がちゃんと代弁してあげるよ。「幸福の科学こそ、国家宗教にふさわしい」って、ほめ記事を書いたら、あなたがたは、もう周りから猛攻《もうこう》を受けるからね。ハハ、そういう社会だ。

「すべての宗教が正しく美しくあってほしい」という思い

本地川　だいたい、お考えは分かりました。

ただ、一言、申し上げておきたいことがあります。私たちは、「霊性《れいせい》革命」や「幸福実現革命」ということを言っていますが、「人々に真の幸福をつかんでいただきたい」と本当に願って活動しているのであり、こうした霊言《れいげん》も、その一環《いっかん》として出しているのです。

山折哲雄守護霊　多少、私が狂《くる》っていることは認めますよ。九五年以降は、はっきり言って、もう〝狂って〟いるんですよ。

狂っているので、申し訳ないですけれども……。

本地川　今日は、ご本心をオープンにしていただき、ありがとうございました。

山折哲雄守護霊　いやあ、「宗教は、みんな、正しく、美しいものであってほしい」とは思っておるんですけどもねえ。

だから、皇室に対して別に悪口が言いたいわけではなくて、やっぱり、「一種のいらだち」というか、「批判されないような体制をつくってほしい」という気持ちもあって、言うてることでもあるんですけどもね。

本当は、「何なら、私を侍従長《じじゅうちょう》に雇《やと》え！」と言いたいところでもあるんです。

6 山折氏を指導している霊人《れいじん》について

〝裏側霊界《れいかい》〟からの影響《えいきょう》を受けているのか

金澤　最後に一つだけ、お伺《うかが》いします。

守護霊様が、地上の山折先生を指導されていると思うのですが、守護霊様以外で、山折先生を指導されている霊人《れいじん》の方は、どなたかいらっしゃるのですか。

山折哲雄守護霊　うん、指導というか、私に救いを求めてきている者はいるね。

金澤　どんな方でしょうか。

山折哲雄守護霊　新宗教を研究している人たちは、みんな、夜、眠《ねむ》れない状況《じょうきょう》を送っていますからね。研究する教団の宗教霊が、いっぱい、やって来るので、いろんなものが交錯《こうさく》はしています。

私のほうは、どうせ、あれだと思うよ。あなたがたから見れば、あの―……、「もののけ姫《ひめ》」を描いた人は誰《だれ》だね?

小林　宮崎駿《みやざきはやお》さんですか。

山折哲雄守護霊　ああ、宮崎駿系統の、日本神道《しんとう》の裏側霊界《れいかい》のほうの者が、（山折氏に）きっと、いっぱい憑《つ》いているだろうと思いますよ（注。霊界には、次元という上下の差だけではなく、横の広がりとして、愛の実践《じっせん》や真理知識の獲得《かくとく》に励《はげ》む霊たちのいる「表側の世界」と、魔法《まほう》使いや仙人《せんにん》・天狗《てんぐ》など、技《わざ》や力を誇示《こじ》する傾向《けいこう》を持つ霊たちのいる「裏側の世界」がある。『永遠の法』〔幸福の科学出版刊〕参照）。

お稲荷《いなり》さんから、狸《たぬき》さんから、蛇神《へびがみ》さんから、何でもかんでもが、アニミズムだからゾロゾロ出てきている。だけど、西洋的な一神教の考えから見りゃ、こんなのは全部、邪教《じゃきょう》や悪魔として切られるんですよ。

本地川　そうですか。

山折哲雄守護霊　（本地川に）あんたも仲間でしょう？

近代宗教に、よく入ったねえ。

本当は、そんな所にいる立場じゃないでしょう？

小林　いえいえ。結局、それを分けているのは、信仰《しんこう》のところです。

山折哲雄守護霊　そう？　何だか、龍神《りゅうじん》信仰でもやってそうな感じだけど……。

本地川　いや、地球の至高神《しこうしん》であるエル・カンターレへの信仰一本です。

山折哲雄守護霊　そう？

本地川　はい。

山折哲雄守護霊　うーん。まあ、苦しそうだね。なんか……。

本地川　いえいえ（笑）。

山折哲雄守護霊　ここは光が強くて、いられないんじゃない？　この男は。

本地川　（苦笑）

宗教学者として「幸福の科学を分析《ぶんせき》できない」との敗北宣言

山折哲雄守護霊　いや、批判はしていません。大川さんはすごいし、幸福の科学もすごいです。

だけど、われわれには分析《ぶんせき》できない。「分析外」「対象外」です。もう無理です。

学者を総動員してやらない限り、分析できない。「幸福の科学分析プロジェクト」っていうのを、学問横断的に、全部、集めてやらない限り、できないですね。ええ。

その敗北は認めます。

本地川　本日は、ありがとうございました。

山折哲雄守護霊　はい。

7　今回の霊言《れいげん》で見えてきた「宗教学者の課題」

大川隆法　山折さん（守護霊）にしては過激で、エキセントリックな感じが出ていました。ヤケになっているのでしょうか。

この感じからすると、今、そうとう、電話や手紙などで、悪口を言われたり、嫌《いや》がらせを受けたりしているのではないかと思われます。

小林　そうだと思います。

大川隆法　やはり、当会を批判しているところと組んでよいことなど、何もないのです。どこも、そうです。

例えば、嫉妬《しっと》か称賛《しょうさん》かは知りませんけれども、先ほど、山折さん（守護霊）が名前を挙げていた島田裕巳《しまだひろみ》さんは、「いつも、幸福の科学の敵と見なした宗教に逃《に》げ込《こ》んでは、そこが潰《つぶ》れていく」という経験をしています。

つまり、「『そこが安全だ』と思って逃げ込んだところが、警察に入られたり、いろいろな問題を起こしたりして、次々と潰れていく」ということが、繰《く》り返し起きたわけです。

そういう意味では、当会には、宗教学者を教育している面もあるのかもしれません。

彼らには、マクロの視点が分かりかねるのでしょう。

特に難しいのは、「価値判断の基準」だと思います。

「価値判断の基準に照らすと、日本のアニミズムはどうなるのか」ということには、「『宮崎《みやざき》映画』対『幸福の科学映画』」のような問題が含《ふく》まれていて、「どちらが正しくて、どちらが間違《まちが》っているのか」というテーマでもあるわけです。

ただ、いまだに向こうのほうが人気はあるというか、ファンは多いわけですから、当会を〝裏側〟と判定し、あちらを〝表側〟だと思っている人は大勢いるのでしょう。

このへんの問題もあって、「天皇家は裏側か、表側か」についての判定を欲《ほ》しかったのかもしれません。

もちろん、天皇家の歴史のなかには、両方があって、入《い》り組んでいるだろうとは思います。

ただ、要所要所では、やはり、表側の神様というか、エル・カンターレ系霊団《れいだん》とつながっている大霊《たいれい》が、天皇家に出ているのではないかと考えています。

たいへん難しい問題になりました。

それでは、以上にしましょうか。

あとがき

皇室の伝統的あり方と、近代西欧型の家庭のあり方には、いささか違う点はあるだろう。私の眼には、日本の皇室が、キリスト教のカトリック的価値観に支配されかかっているように感じられる。週刊誌的マスコミの批判も、ほとんどそこを論拠として展開してくる。

やはり神代の時代からの日本の皇室の流れを教育で教え、日本独特の宗教文化を大切にすることが重要だと思う。日本国憲法は、精密に読めば、政教分離にはなっていない。天皇制の持つ宗教性を隠蔽《いんぺい》しつつ、他宗教の信仰の自由を認可したにすぎない。天皇の持つ「宗教性」が憲法学においてフタをされていることが、雅子妃の本当の悩みの根源だろう。

嘘でぬり固められたマッカーサー憲法は、耐用年数を過ぎたと、私は判断している。

二〇一三年　四月十六日

幸福《こうふく》の科学《かがく》グループ創始者兼総裁《そうししゃけんそうさい》　大川隆法《おおかわりゅうほう》

『守護霊インタビュー 皇太子殿下に次期天皇の自覚を問う』

大川隆法著作関連書籍

『今上天皇・元首の本心 守護霊メッセージ』（幸福の科学出版刊）
『皇室の未来を祈って』（同右）
『明治天皇・昭和天皇の霊言』（同右）
『永遠の法』（同右）
『悟りの挑戦（下巻）』（同右）
『新・日本国憲法 試案』（同右）
『不成仏の原理』（同右）
『公開霊言 親鸞よ、「悪人こそ救われる」は本当か』（同右）
『人間失格―新潮社 佐藤隆信社長・破滅への暴走』（同右）

守護霊《しゅごれい》インタビュー
皇太子殿下《こうたいしでんか》に次期天皇《じきてんのう》の自覚《じかく》を問《と》う

2013年4月21日　初版第1刷

著　者　　大《おお》 川《かわ》 隆《りゅう》 法《ほう》

発行所　　幸福の科学出版株式会社

〒107-0052 東京都港区赤坂2丁目10番14号
TEL(03)5573-7700
http://www.irhpress.co.jp/

印刷・製本　株式会社 堀内印刷所

落丁・乱丁本はおとりかえいたします
©Ryuho Okawa 2013. Printed in Japan. 検印省略
ISBN978-4-86395-327-7 C0030

大川隆法 ベストセラーズ・**日本の平和と繁栄のために**

今上天皇・元首の本心
守護霊メッセージ

竹島、尖閣の領土問題から、先の大戦と歴史認識問題、そして、民主党政権等について、天皇陛下の守護霊が自らの考えを語られる。

- **竹島・尖閣諸島は日本領である**
- **民主党政権の危うさを憂う**
- **「失われた二十年」についての見直しを**
- **「靖国問題」をどう見ているか**
- **幸福の科学をどう見ているか　ほか**

1,600円

皇室の未来を祈って

皇太子妃・雅子さまの
守護霊インタビュー

ご結婚の経緯、日本神道との関係、現在のご心境など、 雅子妃の本心が語られる。日本の皇室の「末永い繁栄」を祈って編まれた一書。

- **なぜ皇太子妃に選ばれたのか**
- **雅子妃の「適応障害」の原因**
- **御成婚をめぐる霊界事情**
- **「皇室の未来」について想うこと　ほか**

1,400円

※表示価格は本体価格(税別)です。

大川隆法 霊言シリーズ・高天原からのメッセージ

天照大神の御教《みおし》えを伝える

全世界激震の予言

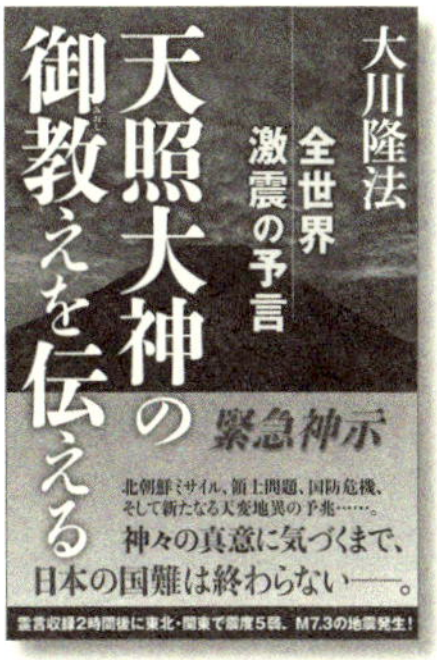

信仰を失い、国家を見失った現代人に、日本の主宰神・天照大神が下された三度目の警告。神々の真意に気づくまで、日本の国難は終わらない。

1,400円

国之常立神《くにのとこたちのかみ》・立国の精神を語る

「降伏」か、それとも「幸福」か

不信仰による「降伏」か!? それとも信仰による「幸福」か!? 『古事記』『日本書紀』に記された日本建国の神から、国民に神意が下された。

1,400円

日本武尊《やまとたけるのみこと》の国防原論

緊迫するアジア有事に備えよ

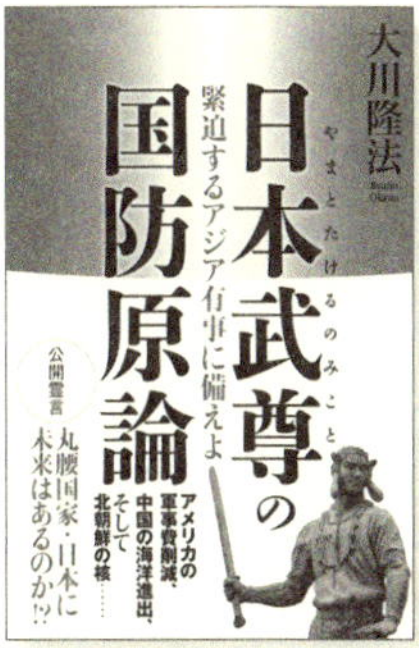

アメリカの衰退、日本を狙う中国、北朝鮮の核——。緊迫するアジア情勢に対し、日本武尊が、日本を守り抜く「必勝戦略」を語る。
【幸福実現党刊】

1,400円

大川隆法霊言シリーズ・時代の潮流を読み解く

サッチャーのスピリチュアル・メッセージ

死後19時間での奇跡のインタビュー

フォークランド紛争、英国病、景気回復……。勇気を持って数々の難問を解決し、イギリスを繁栄に導いたサッチャー元首相が、日本にアドバイス!

英語霊言
日本語訳付き

1,300円

守護霊インタビュー 金正恩の本心直撃!

ミサイルの発射の時期から、日米中韓への軍事戦略、中国人民解放軍との関係――。北朝鮮指導者の狙いがついに明らかになる。

【幸福実現党刊】

1,400円

北朝鮮の未来透視に挑戦する

エドガー・ケイシー リーディング

「第2次朝鮮戦争」勃発か!? 核保有国となった北朝鮮と、その挑発に乗った韓国が激突。地獄に堕ちた"建国の父"金日成の霊言も同時収録。

1,400円

※表示価格は本体価格(税別)です。

大川隆法霊言シリーズ・希望の未来を切り拓く

未来の法

新たなる地球世紀へ

暗い世相に負けるな！ 悲観的な自己像に縛られるな！ 心に眠る無限のパワーに目覚めよ！ 人類の未来を拓く鍵は、一人ひとりの心のなかにある。

2,000円

Power to the Future

未来に力を

英語説法集
日本語訳付き

予断を許さない日本の国防危機。混迷を極める世界情勢の行方――。ワールド・ティーチャーが英語で語った、この国と世界の進むべき道とは。

1,400円

されど光はここにある

天災と人災を超えて

被災地・東北で説かれた説法を収録。東日本大震災が日本に遺した教訓とは。悲劇を乗り越え、希望の未来を創りだす方法が綴られる。

1,600円

幸福の科学出版

幸福の科学グループのご案内

宗教、教育、政治、出版などの活動を通じて、地球的ユートピアの実現を目指しています。

宗教法人　幸福の科学

一九八六年に立宗。一九九一年に宗教法人格を取得。信仰の対象は、地球系霊団の最高大霊、主エル・カンターレ。世界百カ国以上の国々に信者を持ち、全人類救済という尊い使命のもと、信者は、「愛」と「悟り」と「ユートピア建設」の教えの実践、伝道に励んでいます。

（二〇一三年四月現在）

愛

幸福の科学の「愛」とは、与える愛です。これは、仏教の慈悲《じひ》や布施《ふせ》の精神と同じことです。信者は、仏法真理をお伝えすることを通して、多くの方に幸福な人生を送っていただくための活動に励んでいます。

悟り

「悟り」とは、自らが仏の子であることを知るということです。教学《きょうがく》や精神統一によって心を磨き、智慧《ちえ》を得て悩みを解決すると共に、天使・菩薩《ぼさつ》の境地を目指し、より多くの人を救える力を身につけていきます。

ユートピア建設

私たち人間は、地上に理想世界を建設するという尊い使命を持って生まれてきています。社会の悪を押しとどめ、善を推し進めるために、信者はさまざまな活動に積極的に参加しています。

海外支援・災害支援

国内外の世界で貧困や災害、心の病で苦しんでいる人々に対しては、現地メンバーや支援団体と連携して、物心両面にわたり、あらゆる手段で手を差し伸べています。

自殺を減らそうキャンペーン

年間約３万人の自殺者を減らすため、全国各地で街頭キャンペーンを展開しています。

公式サイト　www.withyou-hs.net

ヘレンの会

ヘレン・ケラーを理想として活動する、ハンディキャップを持つ方とボランティアの会です。視聴覚障害者、肢体不自由な方々に仏法真理を学んでいただくための、さまざまなサポートをしています。

公式サイト　www.helen-hs.net

INFORMATION

お近くの精舎・支部・拠点など、お問い合わせは、こちらまで！

幸福の科学サービスセンター

TEL. 03-5793-1727（受付時間 火～金：10～20時／土・日：10～18時）

宗教法人 幸福の科学 公式サイト　happy-science.jp

教育

学校法人
幸福の科学学園

学校法人　幸福の科学学園は、幸福の科学の教育理念のもとにつくられた教育機関です。人間にとって最も大切な宗教教育の導入を通じて精神性を高めながら、ユートピア建設に貢献する人材輩出を目指しています。

幸福の科学学園

中学校・高等学校（那須本校）

2010年4月開校・栃木県那須郡（男女共学・全寮制）

TEL **0287-75-7777**

公式サイト **happy-science.ac.jp**

関西中学校・高等学校（関西校）

2013年4月開校・滋賀県大津市（男女共学・寮及び通学）

TEL **077-573-7774**

公式サイト **kansai.happy-science.ac.jp**

幸福の科学大学（仮称・設置認可申請予定）

2015年開学予定

TEL **03-6277-7248**（幸福の科学 大学準備室）

公式サイト **university.happy-science.jp**

仏法真理塾「サクセスNo.1」

小・中・高校生が、信仰教育を基礎にしながら、「勉強も『心の修行』」と考えて学んでいます。

TEL **03-5750-0747**（東京本校）

不登校児支援スクール「ネバー・マインド」

心の面からのアプローチを重視して、不登校の子供たちを支援しています。
また、障害児支援の「**ユー・アー・エンゼル！**」運動も行っています。

TEL **03-5750-1741**

エンゼルプランV

幼少時からの心の教育を大切にして、信仰をベースにした幼児教育を行っています。

TEL **03-5750-0757**

学校からのいじめ追放を目指し、さまざまな社会提言をしています。また、各地でのシンポジウムや学校への啓発ポスター掲示等に取り組むNPO「いじめから子供を守ろう！ネットワーク」を支援しています。

公式サイト **mamoro.org**

ブログ **mamoro.blog86.fc2.com**

相談窓口 **TEL.03-5719-2170**

政治

幸福実現党

内憂外患《ないゆうがいかん》の国難に立ち向かうべく、二〇〇九年五月に幸福実現党を立党しました。創立者である大川隆法党総裁の精神的指導のもと、宗教だけでは解決できない問題に取り組み、幸福を具体化するための力になっています。

党員の機関紙
「幸福実現NEWS」

TEL 03-6441-0754
公式サイト hr-party.jp

出版
メディア
事業

幸福の科学出版

大川隆法総裁の仏法真理の書を中心に、ビジネス、自己啓発、小説など、さまざまなジャンルの書籍・雑誌を出版しています。他にも、映画事業、文学・学術発展のための振興事業、テレビ・ラジオ番組の提供など、幸福の科学文化を広げる事業を行っています。

TEL 03-5573-7700
公式サイト irhpress.co.jp

入会のご案内

あなたも、幸福の科学に集い、ほんとうの幸福を見つけてみませんか？

幸福の科学では、大川隆法総裁が説く仏法真理をもとに、「どうすれば幸福になれるのか、また、他の人を幸福にできるのか」を学び、実践しています。

入会

大川隆法総裁の教えを信じ、学ぼうとする方なら、どなたでも入会できます。入会された方には、『入会版「正心法語」』が授与されます。（入会の奉納は1,000円目安です）

ネットでも**入会**できます。詳しくは、下記URLへ。
happy-science.jp/joinus

三帰《さんき》誓願《せいがん》

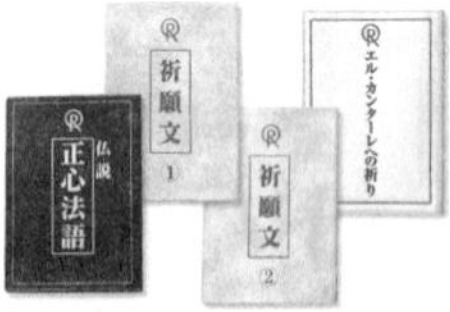

仏弟子としてさらに信仰を深めたい方は、仏・法・僧の三宝への帰依を誓う「三帰誓願式」を受けることができます。三帰誓願者には、『仏説・正心法語』『祈願文①』『祈願文②』『エル・カンターレへの祈り』が授与されます。

植福《しょくふく》の会

植福は、ユートピア建設のために、自分の富を差し出す尊い布施の行為です。布施の機会として、毎月1口1,000円からお申込みいただける、「植福の会」がございます。

「植福の会」に参加された方のうちご希望の方には、幸福の科学の小冊子（毎月1回）をお送りいたします。詳しくは、下記の電話番号までお問い合わせください。

月刊「幸福の科学」

ザ・伝道

ヤング・ブッダ

ヘルメス・エンゼルズ

INFORMATION
幸福の科学サービスセンター
TEL. 03-5793-1727（受付時間 火〜金：10〜20時／土・日：10〜18時）
宗教法人 幸福の科学 公式サイト **happy-science.jp**